Nur für mich!

SABRINA SUE DANIELS

Nur für mich!

SCHNELLE GENUSSKÜCHE FÜR EINE PERSON

DK

Inhalt

Vorwort

WAS GUTES KOCHEN GANZ FÜR MICH ALLEINE!

Das gönn' ich mir jetzt! So lautet das Credo dieses Buches. Egal ob du Single bist oder sturmfrei hast, dein Partner Überstunden macht oder du dich einfach nur verwöhnen möchtest - lies entspannt weiter, denn hier bist du richtig.

Genuss sollte nicht nur ein leeres Wort sein, sondern ein Gefühl, das du lebst. Entspannen und Genießen kann man auf vielerlei Arten, es muss nicht gleich das teure Wellness-Hotel sein und auch nicht das Drei-Gänge-Menü im Edelrestaurant. Eine Tasse Tee und zehn Minuten Ruhe, schon hast du eine Wohlfühlatmosphäre geschaffen. Kopf aus, Herz an! Das sage ich mir, wenn ich mir vor lauter To-Do-Listen-Stress mal wieder nicht erlauben möchte, was mir gefällt und guttut.
Wenn du das Vorbereiten und Kochen als Teil deiner Entspannung siehst und zelebrierst, stellt sich das Wohlgefühl ganz schnell ein. Also ab in die Küche, Lieblingsmusik an, vielleicht ein Gläschen Wein, und schon kann es losgehen. Beim Kochen konzentriere ich mich ganz auf das Tun im Hier und Jetzt und freue mich wie ein Kind auf das Ergebnis.
Bevor ich dir meine Lieblingsrezepte vorstelle, gibt es eine Portion Know-how zu den Themen Einkauf, Vorrat und Aufbewahrung, außerdem zu Formen, die beim Kochen für eine Person praktisch sind.
Das erste Rezeptkapitel »Heute gönn' ich mir was« möchte dich mit Augen- und Gaumenschmaus-Gerichten verwöhnen. Hier findest du Rezepte, die etwas Zeit in Anspruch nehmen. Nimm sie dir und zelebriere das Kochen in entspannter Atmosphäre.
Es folgt »Jetzt aber schnell«, da geht es fix und lecker zur Sache. Die schnelle Zubereitung ist das A und O, aber Hektik bricht hier auch nicht aus.
Dann wird's gemütlich mit »Hygge-Food«. Hier dreht sich alles um Rezepte, die von innen wärmen und ein Gefühl von Geborgenheit verströmen.
An manchen Abenden will man aber einfach schnell mit was Essbarem auf die Couch. Fühlst du dich heute so? Dann blätter mal zum Kapitel »Couch Potato« vor.
Und nach jedem Couch-Potato-Tag kommt wieder ein Tag, an dem man voll motiviert durchstartet. Dann ist »Powerfood« gefragt - einfache Rezepte, die beim Sport und unterwegs punkten.
Den Abschluss bilden ein paar Basics für den Vorrat, die dich an ganz müden Abenden retten.
Bei jedem Rezept zeigen dir Eurozeichen an, wie viel es kostet: € = 1-3 Euro, €€ = 4-6 Euro, €€€ über 6 Euro. Das funktioniert natürlich nur, wenn du darauf achtest, was gerade Saison hat. Also keine Erdbeeren im Dezember! Und Einkauf auf dem Wochenmarkt und im Supermarkt, nicht im Feinkostladen!
Wenn dann der Auflauf im Ofen brutzelt und feine Düfte deine Küche durchziehen, dann ist der Stress des Alltags vergessen. Fast schon wie ein Paralleluniversum, in das man eintauchen kann und in dem es kein lästiges Handyklingeln gibt.
Ich möchte dich in diese Welt entführen. Schalte ab und genieße.

DEINE SABRINA SUE DANIELS

Know-how for one

DIE EINLEITUNG: TIPPS & TRICKS FÜR DIE SINGLEKÜCHE

Von Ratzfatz-Gemüse, schnellen Böhnchen und praktischen Küchenhelfern wie Stabmixer, ofenfeste Formen und Co. bis hin zu Infos zu Einkauf und Lagerung findest du hier alles, was wichtig ist. Außerdem gibt's praktische Tipps, die dir das Werkeln in der Küche erleichtern.

Clever einkaufen

LEBENSMITTELCHECK UND EINKAUFSTIPPS

Das lohnt sich doch nicht für eine Person! Richtig, die 500-g-Packung Champignons ist in der Tat sehr groß, und häufig landet die Hälfte der Pilze im Müll. Doch das lässt sich vermeiden. Dafür braucht es nur die richtigen Einkaufstipps. Klassischer Supermarkt, Discounter oder Bioladen, Wochen- oder Bauernmarkt, Lieferdienst oder Abo-Gemüsekiste - heute gibt es viele Möglichkeiten für den Lebensmitteleinkauf. Die Auswahl im Supermarkt ist meist enorm, und viele Produzenten haben sich mit kleineren Verpackungseinheiten auf die Bedürfnisse von Ein-Personen-Haushalten eingestellt. Auch in der Gemüseabteilung hat sich allerhand verändert. Es gibt mittlerweile eine große Auswahl an Mini-Züchtungen: Snack-Paprika, Mini-Gurken und Romanasalatherzen beispielsweise sind ideal für den kleinen Haushalt. Manche Minis sind etwas teurer, aber wenn du bedenkst, dass du keine Reste hast und nichts mehr im Müll landet, sparst du auf Dauer nicht nur Geld, sondern auch Ressourcen und lebst nach-

»Es gibt viele Möglichkeiten, genussvoll, günstig und nachhaltig einzukaufen.«

haltiger. Viele Gemüsesorten und auch Obst kann man stückweise kaufen, vor allem im Bioladen, wo die Ware nicht zur Unterscheidung von herkömmlicher Ware in Plastik verpackt sein muss.

Auch den Gang zum Metzger oder in den Fischladen möchte ich dir ans Herz legen, denn dort kannst du dich beraten lassen und genau das Steak oder Fischfilet auswählen, das du haben möchtest. Dazu gibt es einen Plausch und Tipps zur Zubereitung, direkt von der Fachfrau oder dem Fachmann. Möchtest du es richtig entspannt angehen, den Einkauf bewusst erledigen, dich inspirieren lassen und den Charme des bunten Treibens genießen - dann geh zum Markt! Dort bekommst du überwiegend saisonale und regionale Lebensmittel und du kannst alles genau in der benötigten Menge kaufen. Extra gezüchtete Minis gibt's hier eher nicht, aber das ist auch nicht nötig, denn die natürlich belassenen Gemüsesorten aus der Region liegen hier in vielen Größen, Farben und Formen bereit.

Zusätzlich bietet der Wochenmarkt die Möglichkeit, mit Menschen in Kontakt zu kommen. Der Bummel dort ist weniger anonym als im Supermarkt und macht auch noch Spaß. Wenn du ein Frühaufsteher bist, kannst du, bevor der erste Supermarkt öffnet, mit deinem Einkauf beginnen, da viele Wochenmärkte bereits vor 7:00 Uhr öffnen. Das ist meine Art von Yoga, bei der ich mich entspannen und an den satten Farben der Marktstände erfreuen kann.

Vielleicht hast du auch einen Bauern bei dir um die Ecke oder fährst auf dem Arbeitsweg an einem Hofladen vorbei? Dort gibt es regionales Gemüse zu bestaunen, das es vielleicht früher bei deiner Oma gab, das du lange Zeit vergessen hast und jetzt mal wieder in deinen Speiseplan integrieren möchtest. Es gibt viele Möglichkeiten, genussvoll, günstig und nachhaltig einzukaufen.

So geht's ganz fix

MIT DEN RICHTIGEN LEBENSMITTELN SCHNELLER AM ZIEL

Kochen ist für mich Entspannung, Yoga für Seele und Geist. Beim Kochen kann ich abschalten und die Seele baumeln lassen. Doch natürlich gibt es immer wieder Tage, an denen ich einfach nicht dazu komme, dann muss es ganz schnell gehen. Langes Vorbereiten und Schnippeln passen da einfach nicht in meinen Zeitplan, denn schließlich muss die Präsentation für den nächsten Tag auch noch fertig werden, die Wäsche will gewaschen werden und die Urlaubsplanung ist auch noch nicht fertig.

Kein Problem, denn mit meinen Easy-peasy-Rezepten geht es wirklich schnell in der Küche. Es kommt nur auf die Auswahl der richtigen Lebensmittel an.

RATZFATZ-GEMÜSE

Gerade bei Gemüse kann man ganz gut variieren. Statt der normalen Gemüsezwiebel einfach auf Schalotten und Frühlingszwiebeln zurückgreifen, die sind nicht nur fix geschnitten, sondern auch wunderbar portionierbar. Da bleibt am Ende des Tages keine traurige halbe Zwiebel weit hinten im Kühlschrank verschollen. Ein weiterer Vorteil: Schalotten sind milder im Geschmack als ihre großen Schwestern. Auch kleine rote Zwiebeln verwende ich hin und wieder.

Babyblattspinat, Zucchini, Champignons und Tomaten sind im Handumdrehen zubereitet, denn sie haben eine relativ kurze Gardauer. Kopfsalat oder Lollo rosso schmecken zwar wunderbar, aber meistens sind die Köpfe viel zu groß und gerade im Sommer machen sie dann ganz schnell schlapp. Darum greife ich zu Römersalatherzen, die sind klein, schnell geputzt und gewaschen und meist schön knackig. Daneben eignen sich auch Rucola und Feldsalat, die man auf dem Markt und im Bioladen in kleinen Portionen kaufen kann.

Eine praktische Alternative zu frischem Gemüse sind Tiefkühlprodukte. Du bekommst sie das ganze Jahr und sie halten auch in deinem Tiefkühlfach meist noch Monate. Sie sind geputzt, gewaschen, geschnitten, einfach perfekt, wenn die Zeit zum langen Vorbereiten mal wieder fehlt. Übrigens verlieren die Produkte durch das Schockgefrieren kaum an Vitaminen und Mineralstoffen, weshalb sie wirklich gut für eine vielfältige und ausgewogenen Ernährung geeignet sind. Auch Fischfilet gibt es in jedem Supermarkt tiefgefroren zu kaufen, ein idealer Vorrat. Am besten lässt du TK-Fisch über Nacht im Kühlschrank auftauen. Nach der Arbeit kannst du dir dann schnell ein feines Essen damit zubereiten.

Wie du sehen wirst, verwende ich in vielen Rezepten frische Kräuter, etwa Schnittlauch, Petersilie, Basilikum und Co. Sie verleihen dem Essen noch mehr Frische sowie Aroma, und außderdem braucht man weniger Salz. Dafür habe ich einen kleinen Kräutergarten auf der Fensterbank, der mich erfreut und versorgt. Natürlich musst du nicht zum Gärtner werden, um in den Genuss von Kräutern zu kommen. Aber ein paar Töpfe passen in die kleinste Küche. Oder du legst dir einen TK-Vorrat zu, die Auswahl ist groß und die Qualität gut.

SCHNELLE BÖHNCHEN

Auch auf Hülsenfrüchte musst du nicht verzichten, denn es gibt fixe Alternativen zu den zeitaufwendigen getrockneten Gesellen, die nicht nur ewig eingeweicht, sondern auch noch lange gekocht werden wollen. Kichererbsen aus Glas oder Dose halten monatelang und müssen nur erwärmt werden. Auch verschiedene Bohnen kannst du dir in Dose oder Glas für den Vorrat zulegen. Ich finde, dass sie geschmacklich den getrockneten und eingeweichten Hülsenfrüchten in nichts nachstehen.

Produkte wie Instant-Couscous, Express-Reis, Polenta und Co. sind schnell fertig und stellen den sättigenden Teil einer schnellen Mahlzeit, die dann mit Gemüse, Fleisch oder Fisch komplettiert wird. Ich liebe ja Couscous: Er ist in 10 Minuten zubereitet, einfach mit kochendem Wasser aus dem Wasserkocher übergießen, und schon lässt er sich in ein köstliches Gericht verwandeln.

Wer liebt Pasta genauso wie ich? Schon mal vorgegarte Pasta, köstlich gefüllte Gnocchi und Ravioli aus der Kühltheke probiert? Da ist wirklich für jeden Geschmack etwas dabei, egal ob vegetarisch oder mit Fleischfüllung. Meist muss die Pasta nur etwa 2 Minuten in kochendem Wasser gegart werden und kann anschließend nach Lust und Laune weiterverarbeitet werden.

Auf die Größe kommt es an

STABMIXER, SPRINGFORM UND CO.

Auf zwei elektrische Geräte möchte ich keinesfalls verzichten: den Multizerkleinerer und den Stabmixer. Beide sind nicht teuer in der Anschaffung, nehmen wenig Platz weg und sind geradezu perfekt für die Singleküche. Mit dem Multizerkleinerer kann man im Handumdrehen Semmelbrösel herstellen oder eine Schalotte hacken, mit dem Stabmixer einen Smoothie oder ein cremiges Pesto mixen. Neben diesen zwei Küchenhelfern und natürlich den üblichen Verdächtigen - wie diverse scharfe Messer, Schneidebrett, Pfannen und Töpfe in je zwei Größen - sind die passenden Backformen noch sehr wichtig. Denn so ein frisch gebackener Kuchen schmeckt nicht nur fantastisch, sondern weckt Kindheitserinnerungen an gemütliche Sonntage, und schon der Duft, der durch die Küche zieht, löst wohlige Gefühe aus.

Genauso ergeht es mir bei Gratins und Aufläufen. Schon der Gedanke an ein Kartoffelgratin oder einen

Nudelauflauf weckt bei mir Glücksgefühle. Statt der Tiefkühlpizza aus dem Supermarkt und der pappigen Lasagne aus der Frischetheke, gibt es selbst gebackenes Brot, luftigen Bananenkuchen und leckere Gratins und Aufläufe.

Was es dafür braucht, ist denkbar einfach. Auflaufformen und Springformen gibt es mittlerweile in allen erdenklichen Größen und Formen. Doch welche ist für mich die Richtige? Lediglich drei Formen braucht es, und du bist perfekt ausgestattet.

SPRINGFORM

Für einen feinen Kuchen verwende ich eine Springform mit 12 cm Durchmesser. Die Größe ist perfekt und nimmt auch kaum Platz weg. Eine qualitativ hochwertige Springform in der Größe bekommt man schon ab 8 Euro. Achte beim Kauf darauf, dass sie antihaftbeschichtet und spülmaschinenfest ist. Passende Rezepte in diesem Buch sind das grüne Spargel-Lachs-Törtchen (s. S. 37) und das vegane Bananenbrot für den Vorrat (s. S. 143).

KASTENFORM

Eine weitere Backform, die ich für den Einsatz in einem Single-Haushalt empfehlen kann, ist eine 20 cm lange Kastenform. Damit kann man wunderbares Brot backen, beispielsweise mein Kürbiskernbrot (s. S. 144). Natürlich lassen sich in dieser Form auch leckere Kuchen in kleinen Portionen zubereiten.

AUFLAUFFORM

Ofenfeste Formen mit etwa 15 cm Durchmesser sind perfekt für Aufläufe und Gratins, denn was wäre das Leben ohne überbackene Köstlichkeiten? Ziemlich traurig! Auch eine kleine rechteckige ofenfeste Form ist praktisch, beispielsweise für den Ravioli-Spinat-Auflauf (s. S. 105). Die Formen gibt es aus Porzellan, Glas oder Metall, da ist für jeden Geschmack und Geldbeutel etwas dabei.

»Ein selbst gebackener Kuchen schmeckt nicht nur fantastisch, sondern weckt Kindheitserinnerungen an gemütliche und faule Sonntage.«

Für den Vorrat

SO WIRD AUFBEWAHREN ZUM KINDERSPIEL

Wie und wo lagere ich meine Einkäufe am besten? Im Kühlschrank oder bei Zimmertemperatur, luftig oder in der Originalverpackung? Bei dieser Frage scheiden sich die Geister. Hier ein paar Tipps und Ideen für deine Vorratshaltung. Leicht verderbliche Lebensmittel wie Milch und Milchprodukte, Fleisch und Fisch gehören natürlich in den Kühlschrank. Am besten lagern Fleisch und Fisch bei 2–6 °C ganz unten. Milch und Co. fühlen sich im mittleren Fach des Kühlschranks pudelwohl. Das Gemüsefach ist für Gurke, Salat, Zucchini, Aubergine, Paprikaschoten und Pilze ideal, die meisten Gemüsesorten jedoch mögen am liebsten eine kühle Speisekammer – wer die noch hat, kann sich glücklich schätzen. Hier wäre auch der ideale Ort für Kartoffeln und Zwiebeln. Empfindliches Gemüse wie Tomaten sowie Südfrüchte und Exoten am besten bei Zimmertemperatur lagern. Alles aus der Plastikverpackung nehmen, da sich sonst Kondenswasser bildet, das zu Schimmel führt.

WIE GESCHNITTEN BROT

Brot vom Bäcker oder selbst gebackenes Brot (s. S. 144) lagerst du am besten in einem Brotkasten oder Brottopf aus Keramik. Einfrieren ist auch eine gute Möglichkeit, um immer mit Brot versorgt zu sein, ohne Gefahr zu laufen, dass es verschimmelt. Am besten in Scheiben schneiden und einfrieren, so kannst du Scheibe für Scheibe auftauen oder im Toaster rösten. Der Kühlschrank ist kein guter Ort für Brot, da es dort sehr schnell hart wird.

JETZT WIRD'S FROSTIG – EINFRIEREN

Hast du doch mal eine größere Menge gekocht, kannst du die Reste einfrieren und dich später nochmals an Selbstgekochtem erfreuen. Speisen möglichst schnell abkühlen lassen, in einer Gefrierbox luftdicht verpacken und ab ins Tiefkühlfach. Dort hält sich das Lieblingsgericht mindestens drei Monate. Willst du frisches Gemüse einfrieren, solltest du es vorher blanchieren (in reichlich Salzwasser sprudelnd kochen, dann kalt abschrecken), damit es knackig bleibt und seine Farbe behält.

UMFÜLLEN IN GLÄSER UND DOSEN

Für die Aufbewahrung von losen Lebensmitteln, die man in eher großen Portionen abgepackt kauft (Nudeln, Couscous, Haferflocken, Hirse) sind Schraubgläser und Vorratsdosen einfach ideal. Vor allem, wenn du Getreideprodukte in Bioqualität kaufst, ist die Aufbewahrung in luftdichten Behältern wichtig, damit Lebensmittelschädlinge keine Chance haben. Ich beklebe die Gläser mit bunten Labels, das sieht schön aus, und ich sehe sofort, wohin ich greifen muss.

MEIN VORRAT

Die folgenden Lebensmittel müssen bei mir immer im Haus sein. Es sind echte Basics, vielfältig einsetzbar und die meisten sind lange haltbar.

Kartoffeln:
Ich bevorzuge vorwiegend festkochende Kartoffeln, denn sie sind besonders vielseitig einsetzbar. Sie enthalten nicht so viel Stärke wie mehligkochende, sind schnittfest und eignen sich besonders gut für Pellkartoffeln, Salzkartoffeln, Gnocchi, Aufläufe, Pürees, Suppen und Eintöpfe. Echte Allrounder also, praktisch für den kleinen Haushalt.

Reibekäse:
Ich kaufe Käse schon gerieben, da ich ihn sehr oft für Aufläufe und Gratins verwende. Wenn du nur selten

»Ein hübscher Korb voll frischem Obst verschönert die Küche und versorgt uns mit Nährstoffen und Vitaminen.«

geriebenen Käse nimmst, kauf ihn am Stück, dann hält er länger. Oder du frierst ihn gerieben ein und entnimmst immer genau die Menge, die du brauchst.

Im Tiefkühlfach:
Erbsen, grüner Spargel, Schwarzwurzeln, Blattspinat, Kabeljaufilet, Lachs.

AUS DEM KÜCHENSCHRANK

Getreide und Co.:
Instant-Couscous, Polenta, Nudeln, Reis, Dinkelvollkornmehl, Weizenmehl, Haferflocken, Semmelbrösel. Wie du in den Rezepten siehst, mache ich Letztere selbst. Das geht ratzfatz, sie schmecken viel besser als gekaufte Brösel, und ich kann mir das Brot aussuchen, aus dem ich sie mache: Ob Weißbrot- oder Vollkorntoast, Brot mit Samen und Nüssen oder glutenfrei - alles geht. Und zwar so: 10 Scheiben altbackenen Weißbrot- oder Vollkorntoast grob zerkleinern und im Multizerkleinerer mahlen. In ein Schraubglas umfüllen und fertig ist der Vorrat für mehrere Wochen!

Aus Flasche, Dose und Glas:
Olivenöl, Rapsöl, Weißweinessig, Balsamico-Essig, weißer Balsamico-Essig - ohne die geht's nicht. Kichererbsen, Riesenbohnen, Linsen, Mini-Maiskolben, Maiskörner, stückige Tomaten, Oliven, Artischockenherzen, Linsen. Außerdem zum Würzen Sojasauce, Ajvar, Teriyakisauce, Cashewmus, mittelscharfer Senf, körniger Senf, Sahnemeerrettich, Mayonnaise.

Zum Süßen und Würzen:
Zucker, Rohrzucker, Honig, Ahornsirup. Salz und

Pfeffer, logo. Außerdem Paprikapulver, gemahlene Kurkuma, gemahlener Ingwer, Currypulver, Muskatnuss, getrockneter Oregano.

Feine Extras:
getrocknete Aprikosen, Feigen und Kirschen, Cashewkerne, Walnusskerne, Pistazienkerne, Mandeln, Kürbiskerne und Leinsamen.

Heute gönn' ich mir was!

KAPITEL 1: WENN ICH MICH VERWÖHNEN MÖCHTE …

Heute lass' ich es krachen und gönn' mir was ganz Besonderes.
Da kann es ruhig etwas aufwendiger sein, denn heute koch' ich nur für mich!
Und da ist das Beste gerade gut genug.

Snack / Vegetarisch / €

SCHWARZWURZEL-KNUSPERSTANGEN MIT LIMETTENMAYONNAISE

ZUBEREITUNG: 40 MINUTEN

ZUTATEN

200 g Schwarzwurzeln
2–3 EL Essig
Salz
5 EL Milch
1 Ei
1 EL geriebener Parmesan
5 EL Mehl
frisch gemahlener schwarzer Pfeffer
2–3 EL Semmelbrösel (s. S. 20)
2 EL Rapsöl
2 EL Mayonnaise
2 Spritzer Limettensaft
etwas abgeriebene Bio-Limettenschale

1. Die Schwarzwurzeln waschen, schälen, dritteln und in einer großen Schüssel mit kaltem Wasser und Essig baden. (Der Essig verhindert, dass die Schwarzwurzeln braun anlaufen!) Salzwasser und Milch in einem Topf zum Kochen bringen. Die Schwarzwurzeln darin in 20–25 Minuten je nach Dicke halb gar kochen, herausheben und auf Küchenpapier abtropfen lassen.

2. Zum Panieren das Ei verquirlen. Den Parmesan mit Mehl, Salz und Pfeffer vermischen. Das verquirlte Ei, die Mehlmischung und die Semmelbrösel auf drei Teller verteilen. Die Schwarzwurzeln erst im Mehl, dann im Ei und abschließend in den Semmelbröseln wenden.

3. Das Öl in einer Pfanne erhitzen und die Schwarzwurzelstangen bei mittlerer Hitze rundum goldbraun braten.

4. Izwischen die Mayonnaise mit dem Limettensaft und der Limettenschale zu einem Dip verrühren. Die Schwarzwurzelknusperstangen mit dem Dip genießen.

NÄHRWERTE: 844 KCAL • EIWEISS 25 G, FETT 53 G, KOHLENHYDRATE 47 G

TIPP

Fruchtig wird's mit einer Heidelbeer-Salsa. Dafür 30 g Heidelbeeren halbieren und mit 1 TL gerösteten Pinienkernen, 2 EL Orangensaft und 1/2 TL körnigem Senf grob pürieren.

Vegetarisch / €€

LINSEN-SPROSSEN-SALAT MIT POCHIERTEM EI & KANDIERTEN ERDNÜSSEN

ZUBEREITUNG: 35 MINUTEN

ZUTATEN

1 sehr kleine Zucchini (100 g)
¼ Bund Brunnenkresse (oder 1 Handvoll Feldsalat oder Rucola)
10 g Lauchsprossen
1 EL Erdnüsse
2 EL Essig
1 Ei
1 TL Rapsöl
125 g Linsen (aus der Dose; abgetropft)
2 TL Hoisinsauce
Salz
frisch gemahlener schwarzer Pfeffer
1 TL Butter
1 TL Rohrzucker

NACH BELIEBEN

½ TL Sesamsamen
1 Zucchiniblüte

1. Die Zucchini putzen, waschen und klein würfeln. Die Brunnenkresse und die Lauchsprossen waschen und trocken tupfen. Die Erdnüsse grob hacken und zur Seite stellen.

2. Den Essig in einem Topf mit Wasser erhitzen. Wichtig: Das Wasser sollte nicht kochen, sondern kurz vorm Simmern, das heißt knapp vor dem Siedepunkt sein. Das Ei in eine Tasse aufschlagen. Mit dem Stiel des Kochlöffels kräftig im Wasser rühren, sodass ein Strudel entsteht. Das Ei in das Kochwasser gleiten lassen und 2–4 Minuten darin garen. Das pochierte Ei mit einer Schaumkelle aus dem Wasser heben und auf Küchenpapier abtropfen lassen.

3. Das Rapsöl in einer Pfanne erhitzen. Zucchiniwürfel und Linsen hinzugeben und in 2–3 Minuten bissfest garen. Mit Hoisinsauce, Salz und Pfeffer abschmecken und auf einen Teller geben.

4. Butter und Zucker in die Pfanne geben und schmelzen lassen. Die Erdnüsse und nach Belieben den Sesam dazugeben und kurz anrösten.

5. Die Kresse und die Sprossen auf den Linsen anrichten. Das pochierte Ei auf den Salat geben und alles mit den kandierten Erdnüssen bestreuen. Nach Belieben mit der Zucchiniblüte garnieren und genießen.

NÄHRWERTE: 495 KCAL • EIWEISS 27 G, FETT 23 G, KOHLENHYDRATE 37 G

Vegetarisch / €

BALSAMICO-RADIESCHEN MIT KARTOFFELSPALTEN & WALNUSS-ZIEGE

ZUBEREITUNG: 10 MINUTEN • **BACKZEIT:** 30 MINUTEN

ZUTATEN

½ Bund Radieschen (150 g)
200 g kleine Kartoffeln
1 Schalotte
1 EL Rapsöl
plus mehr für die Form
2 EL Balsamico-Essig
Salz
frisch gemahlener schwarzer Pfeffer
20 g Walnusskerne
1 EL gehackte Kräuter (z. B. Schnittlauch)
50 g Ziegenkäse (Weichkäserolle)

1. Den Backofen auf 200 °C vorheizen und eine ofenfeste Form fetten. Die Radieschen putzen, waschen und halbieren. Die Kartoffeln waschen und je nach Größe halbieren oder vierteln. Die Schalotte schälen und in feine Scheiben schneiden. Öl, 1 EL Essig, Schalotte und Kartoffeln in eine Schüssel geben und gut vermischen. Mit Salz und Pfeffer würzen.

2. Die Kartoffeln in die Form füllen und im Ofen auf der mittleren Schiene 25–30 Minuten rösten. 15 Minuten vor Garzeitende die Radieschen mit dem restlichen Essig (1 EL) vermischen und zu den Kartoffeln geben. Alles fertig garen.

3. Die Walnusskerne fein hacken und mit den Kräutern vermischen. Den Ziegenkäse in Scheiben schneiden und in der Nuss-Kräuter-Mischung wenden. Das Radieschen-Kartoffel-Gemüse auf einem Teller anrichten und mit den Walnuss-Ziegenkäse-Talern toppen. Guten Appetit!

NÄHRWERTE: 556 KCAL • EIWEISS 13 G, FETT 34 G, KOHLENHYDRATE 44 G

Vegetarisch / €€

ROTE-BETE-GNOCCHI MIT BRUNNENKRESSE-ORANGEN-SALAT

ZUBEREITUNG: 1 STUNDE

FÜR DIE GNOCCHI

200 g Kartoffeln (am besten vorwiegend festkochend)
1 kleine Rote Bete (40 g)
80 g Mehl plus mehr für die Arbeitsfläche
Salz
frisch geriebene Muskatnuss

FÜR DEN SALAT

1 Orange
2 TL Rapsöl
1 TL Honig
1 EL Schnittlauchröllchen
Salz
frisch gemahlener schwarzer Pfeffer
½ Bund Brunnenkresse

AUSSERDEM

1 TL Butter zum Anbraten
etwas Parmesan, geraspelt

1. Für die Gnocchi Kartoffeln und Rote Bete waschen und in einem Topf mit Wasser bedeckt zum Kochen bringen. 15–20 Minuten garen. Inzwischen für den Salat die Orange filetieren. Die Trennwände auspressen und den Saft mit Rapsöl, Honig und Schnittlauch verrühren. Das Dressing mit Salz und Pfeffer abschmecken und in den Kühlschrank stellen.

2. Rote Bete und Kartoffeln abgießen. Die Kartoffeln pellen und fein stampfen, die Rote Bete mit dem Stabmixer fein pürieren und beides mit dem Mehl verkneten. Mit Salz und Muskat würzen.

3. Die Arbeitsfläche mit Mehl bestäuben, den Teig halbieren und zu fingerdicken Rollen formen. In 2 cm dicke Stücke schneiden und mit den Zinken einer Gabel leicht eindrücken. Fertige Gnocchi auf der bemehlten Arbeitsfläche ruhen lassen.

4. Salzwasser in einem Topf zum Kochen bringen. Die Gnocchi in leicht siedendem Wasser garen, bis sie an der Oberfläche schwimmen. Mit einer Schaumkelle aus dem Wasser heben.

5. Die Kresse waschen, trocken schütteln und mit Orangenfilets und Dressing vermischen. Butter in einer Pfanne erhitzen und die Gnocchi darin schwenken. Gnocchi und Salat auf einem Teller anrichten, mit Parmesan bestreuen und genießen.

NÄHRWERTE: 626 KCAL • EIWEISS 18 G, FETT 17 G, KOHLENHYDRATE 90 G

TIPP

Statt Brunnenkresse kann auch eine Handvoll Feldsalat für den Salat verwendet werden.

€€

ASIATISCHE FISCHSTÄBCHEN MIT PAK-CHOI-GEMÜSE

ZUBEREITUNG: 30 MINUTEN

ZUTATEN

200 g Kabeljaufilet
2 EL Sojasauce
1 Ei
2 Scheiben Vollkorntoast
1 EL Mehl
2 EL Rapsöl
1 Mini-Pak-Choi (150 g)
1–2 EL Teriyakisauce
½ EL Schnittlauchröllchen

1. Das Kabeljaufilet waschen, trocken tupfen und in fünf gleich große Streifen schneiden. 10 Minuten in der Sojasauce marinieren. Das Ei verquirlen und auf einen Teller geben. Das Toastbrot in einem Multizerkleinerer oder Mixer fein zermahlen. Das Mehl und die Toastbrösel auf zwei weitere Teller verteilen.

2. Die Fischfiletstreifen erst in Mehl, dann im Ei und anschließend in den Bröseln wenden. 1 EL Öl in einer Pfanne erhitzen und die Fischstäbchen bei mittlerer Hitze unter Wenden in 5–8 Minuten goldbraun braten.

3. Inzwischen den Pak Choi putzen, waschen und längs halbieren. Das restliche Öl (1 EL) in einer Pfanne erhitzen und das Gemüse darin anbraten. Die Teriyakisauce und 2 EL Wasser hinzugeben und den Pak Choi in etwa 5 Minuten bissfest garen.

4. Den Pak Choi auf einem Teller anrichten, mit Garflüssigkeit beträufeln und mit Schnittlauch bestreuen. Die Fischstäbchen dazulegen und es sich schmecken lassen!

NÄHRWERTE: 723 KCAL • EIWEISS 55 G, FETT 39 G, KOHLENHYDRATE 33 G

Vegetarisch / €€

FALAFEL-DÖNER MIT AJVAR-DIP

ZUBEREITUNG: 50 MINUTEN • **BACKZEIT:** 30 MINUTEN

FÜR DIE FALAFELN

1 Schalotte
¼ Bund Schnittlauch
240 g Kichererbsen (aus der Dose; abgetropft)
½ TL Kreuzkümmelsamen
¼ TL gemahlene Kurkuma
¼ TL gemahlener Ingwer
45 g Mehl
1 TL Backpulver
1 TL Olivenöl zum Bestreichen

FÜR DIE FÜLLUNG

1 Stück Aubergine (100 g)
1 Stück Zucchini (100 g)
1 Knoblauchzehe
1 EL Olivenöl
Salz
frisch gemahlener schwarzer Pfeffer

FÜR DEN DIP

100 g Joghurt
½–1 TL Ajvar

AUSSERDEM

4 Kirschtomaten
1 Handvoll Feldsalat
1 kleines Fladenbrot

1. Den Backofen auf 200 °C vorheizen und ein Backblech mit Backpapier auslegen. Für die Falafeln die Schalotte schälen und hacken. Den Schnittlauch waschen, trocken tupfen und in Röllchen schneiden. Schalotte, Schnittlauch, Kichererbsen, Kreuzkümmel, Kurkuma und Ingwer im Mixer fein pürieren.

2. Mehl und Backpulver vermischen und dazugeben. Alles zu einer glatten Masse verrühren und zu acht gleich großen Bällchen formen. Die Falafeln mit einer Gabel flach drücken, auf beiden Seiten mit Öl bepinseln und auf das Backblech legen. Im Ofen auf der mittleren Schiene in 25–30 Minuten goldbraun backen. Nach 15 Minuten wenden.

3. Inzwischen für die Füllung Aubergine und Zucchini putzen, waschen und in feine Scheiben schneiden. Den Knoblauch schälen und fein hacken. Das Öl in einer Pfanne erhitzen und Gemüse und Knoblauch darin 2–3 Minuten anbraten. Mit Salz und Pfeffer abschmecken.

4. Für den Dip Joghurt und Avjar glatt rühren. Die Tomaten waschen und vierteln. Feldsalat waschen und trocken schleudern. Fladenbrot auf einen Teller legen, mit vier Falafeln, Gemüse, Tomaten und Feldsalat belegen und mit dem Dip beträufeln.

NÄHRWERTE: 621 KCAL • EIWEISS 28 G, FETT 14 G, KOHLENHYDRATE 80 G

TIPP

Wer möchte, kann den Döner noch mit Schafskäse aufpeppen. Die übrigen vier Falafeln abkühlen lassen und sie sich kalt im Camembert-Avocado-Wrap (s. S. 131) schmecken lassen.

€€

GRÜNES SPARGEL-LACHS-TÖRTCHEN

ZUBEREITUNG: 20 MINUTEN • **BACKZEIT:** 25–30 MINUTEN

FÜR DEN TEIG
50 g Dinkelvollkornmehl
20 g kalte Butter
plus mehr für die Form
1 Prise Salz

FÜR DEN BELAG
200 g grüner Spargel
75 g Räucherlachs
1 Ei
1 EL Schmand
1 EL grünes Pesto
(z. B. Basilikum, Bärlauch)
2 EL Milch
Salz
frisch gemahlener
schwarzer Pfeffer

NACH BELIEBEN
Kresse und Basilikum
zum Garnieren

1. Den Backofen auf 200 °C vorheizen und eine kleine Springform (Ø 12 cm) einfetten.

2. In einer Schüssel Mehl, Butter, Salz und 1 EL kaltes Wasser zu einem geschmeidigen Teig verkneten. Den Teig auf einer leicht bemehlten Arbeitsfläche ausrollen und die Springform damit auslegen, dabei einen Rand formen.

3. Für den Belag den Spargel waschen, die holzigen Enden abschneiden und die Stangen in Stücke schneiden. Den Räucherlachs grob zerzupfen. Das Ei in eine Schüssel aufschlagen, mit Schmand, Pesto und der Milch verrühren. Mit Salz und Pfeffer würzen.

4. Spargel und Lachs auf dem Teig verteilen und mit der Eimasse begießen. Im Ofen auf der mittleren Schiene in 25-30 Minuten goldbraun backen.

5. Aus dem Ofen nehmen, kurz abkühlen lassen und aus der Form lösen. Nach Belieben mit Kresse und Basilikum bestreuen und mit einem Glas gekühltem Weißwein genießen.

NÄHRWERTE: 863 KCAL • EIWEISS 37 G, FETT 46 G, KOHLENHYDRATE 39 G

TIPP

Das grüne Spargel-Lachs-Törtchen schmeckt nicht nur warm, sondern ist auch kalt ein wahrer Gaumenschmaus.
Ich mache manchmal zwei Törtchen und gönne mir am nächsten Tag im Büro gleich nochmal eines (dann natürlich ohne Wein ...).

Schnell / €€

PULLED-LACHS-BURGER MIT HONIG-SENF-DRESSING

ZUBEREITUNG: 20 MINUTEN

FÜR DAS DRESSING

1 TL Senf
1 TL körniger Senf
1 TL Honig
1 EL Mayonnaise

FÜR DEN BURGER

1 EL Rapsöl
150 g Lachsfilet
2 Spritzer Zitronensaft
2 Blätter Römersalatherzen
2 Radieschen
1 Bagel (oder
1 Mehrkornbrötchen)
Salz
frisch gemahlener
schwarzer Pfeffer

1. Für das Dressing beide Sorten Senf, Honig und Mayonnaise miteinander verrühren.

2. Für den Burger das Öl in einer Pfanne erhitzen. Das Lachsfilet waschen, trocken tupfen, mit Zitronensaft beträufeln und im Öl bei mittlerer Hitze auf jeder Seite 3–5 Minuten braten. Herausnehmen und mit einer Gabel in kleine Stücke zupfen.

3. Den Salat waschen, trocken tupfen und klein zupfen. Die Radieschen waschen und in dünne Scheiben schneiden.

4. Den Bagel aufschneiden und mit dem Dressing bestreichen. Mit Lachs, Radieschen und Salat belegen und mit Salz und Pfeffer würzen.

NÄHRWERTE: 437 KCAL • EIWEISS 34 G, FETT 31 G, KOHLENHYDRATE 50 G

TIPP

Statt mit Honig-Senf-Dressing schmeckt der Burger auch super mit Preiselbeer-Dressing. Dafür 1 EL körnigen Senf mit 2 TL Preiselbeeren aus dem Glas verrühren.

Vegetarisch / €

RUCOLA-HASELNUSS-FRIKADELLEN MIT ROTE-BETE-HUMMUS

ZUBEREITUNG: 25 MINUTEN

ZUTATEN

240 g weiße Riesenbohnen (aus der Dose; abgetropft)
1 Schalotte
½ Bund Rucola (40 g)
30 g gehackte Haselnusskerne
50 g Semmelbrösel (s. S. 20)
1 Ei
Salz
frisch gemahlener schwarzer Pfeffer
2 EL Rapsöl
1–2 EL Rote-Bete-Hummus (s. S. 148)

1. Die Bohnen in einem Sieb gut abtropfen lassen und im Mixer fein pürieren. Die Schalotte schälen und fein hacken. Den Rucola waschen und trocken schleudern. Ein paar Blätter zum Garnieren beiseitelegen, den Rest grob hacken. Die Haselnusskerne ebenfalls hacken.

2. Bohnen, Schalotte, Rucola, Semmelbrösel, Ei und Haselnüsse in eine Schüssel geben und zu einem geschmeidigen Teig verarbeiten. Kräftig mit Salz und Pfeffer abschmecken. Anschließend zu sechs gleich großen Frikadellen formen und zur Seite stellen.

3. Das Öl in einer Pfanne erhitzen und die Frikadellen bei mittlerer Hitze rundum in 8–10 Minuten goldbraun braten. Herausnehmen und auf Küchenpapier abtropfen lassen.

4. Rote-Bete-Hummus auf einem Teller verstreichen, drei Frikadellen darauf anrichten und mit Rucola garnieren. Guten Appetit!

NÄHRWERTE: 313 KCAL • EIWEISS 11 G, FETT 11 G, KOHLENHYDRATE 40 G

TIPP

Ein wenig Schärfe gefällig? 1 TL geriebener Meerrettich oder 1 TL Ajvar unter den Teig gerührt, macht die Frikadellen schön pikant. Die restlichen Frikadellen halten sich im Kühlschrank bis zu 3 Tage und schmecken auch kalt ganz wunderbar.

Dessert / €€€

WALDFRUCHT-CHEESECAKE-TÖRTCHEN

ZUBEREITUNG: 30 MINUTEN • **KÜHLZEIT:** 2 STUNDEN

FÜR DEN BODEN

60 g getrocknete Kirschen
25 g Cashewkerne
35 g Dinkelflakes (oder Mandel-Knuspermüsli, s. S. 147)
1 TL Kakaopulver

FÜR DIE FÜLLUNG

100 g Himbeeren
250 g Quark (20 % Fett; oder 300 g vegane Schlagcreme, ungesüßt)
2 EL Mangosaft
1 Beutel Agartine (10 g)
2–3 EL Ahornsirup

FÜR DIE DEKO

50 g Himbeeren
50 g Erdbeeren
1 EL Kakaonibs oder gehackte Zartbitterschokolade
einige Blättchen Minze

1. Für den Boden getrocknete Kirschen, Cashewkerne, Dinkelflakes und Kakaopulver in einem Multizerkleinerer zermahlen. Den Boden einer Springform (Ø 12 cm) mit Backpapier auskleiden, die Mischung darauf verteilen und fest andrücken.

2. Für die Füllung die Himbeeren waschen, trocken tupfen und die Hälfte mit einem scharfen Messer längs halbieren. Die Hälften mit der Schnittfläche nach außen auf den Teigboden setzen.

3. Den Quark cremig aufschlagen. Restliche Himbeeren mit Mangosaft verrühren und im Mixer fein pürieren. Das Püree in einen Topf geben und mit der Agartine vermischen. Zum Kochen bringen und unter ständigem Rühren 2 Minuten köcheln lassen. Ahornsirup unterrühren und das Ganze sofort unter den Quark heben. Die Creme auf dem Boden verstreichen. Das Törtchen 2 Stunden in den Kühlschrank stellen.

4. Für die Deko Heidelbeeren und Erdbeeren waschen und trocken tupfen. Das Törtchen vorsichtig aus der Form lösen, mit den Beeren, Kakaonibs oder Schokolade und Minze garnieren und genießen.

NÄHRWERTE (PRO PORTION BEI 6 PORTIONEN):
264 KCAL • EIWEISS 11 G, FETT 11 G, KOHLENHYDRATE 27 G

TIPP

Das Törtchen hält sich in einer Dose im Kühlschrank bis zu 3 Tage und lässt sich auch gut einfrieren. So hat man immer wieder ganz schnell ein feines Dessert parat. Wer kleine Förmchen oder Dessertringe hat, kann auf dieselbe Weise sechs kleine Törtchen machen.

Dessert / €

ERDBEER-COUSCOUS-SUSHI MIT SCHOKOLADENSAUCE

ZUBEREITUNG: 30 MINUTEN • **KÜHLZEIT:** 45 MINUTEN

ZUTATEN

75 g Couscous (Instant)
1 EL Ahornsirup
1 EL Cashewmus (35 g)
100 g Erdbeeren
20 g Pistazien
50 g weiße Schokolade

NACH BELIEBEN

Minzeblätter und Erdbeeren zum Garnieren

1. In einem Topf 150 ml Wasser zum Kochen bringen. Den Cousous einrühren, vom Herd nehmen und zugedeckt 10 Minuten quellen lassen. Ahornsirup und Cashewmus unterrühren und kurz auskühlen lassen.

2. Inzwischen die Erdbeeren putzen, waschen und in feine Scheiben schneiden. Die Arbeitsplatte mit Frischhaltefolie auslegen und den Couscous darauf verteilen. Mit einem angefeuchteten Löffel auf eine Fläche von 15 x 20 cm verstreichen. Die Erdbeeren darauf verteilen und das Ganze fest aufrollen. Für 45 Minuten in den Kühlschrank stellen.

3. Die Pistazien fein hacken. Die weiße Schokolade über einem heißen Wasserbad oder in der Mikrowelle schmelzen. Die Sushirolle aus dem Kühlschrank nehmen, vorsichtig aus der Folie wickeln und in den gehackten Pistazien wenden. In zehn Stücke schneiden.

4. Die Sushirollen auf einem Teller anrichten und mit der Schokolade beträufeln. Nach Belieben mit Minze und Erdbeeren garnieren.

NÄHRWERTE: 961 KCAL • EIWEISS 25 G, FETT 48 G, KOHLENHYDRATE 97 G

TIPP

Wie wäre es mal mit Sushi zum Frühstück? Dazu das süße Sushi einfach auf Joghurt und mit frischen Früchten servieren.

Jetzt aber schnell!

KAPITEL 2: WENN ICH MAL GANZ WENIG ZEIT HABE …

Manchmal muss es einfach fix gehen! Egal, ich lass mich davon nicht aus der Ruhe bringen. Hier findest du Easy-peasy-Rezepte, die im Handumdrehen zubereitet sind und dir selbst im größten Stress ein Lächeln ins Gesicht zaubern.

Vegetarisch / Schnell / €

SCHNELLER FLADEN MIT ZICKIGER GURKE

ZUBEREITUNG: 15 MINUTEN

ZUTATEN

1 Rezept Fladenbrot (s. S. 151)
Mehl für die Arbeitsfläche

FÜR DEN BELAG

1 Stück Salatgurke (100 g; oder 2 Snackgurken)
½ Apfel (100 g)
1 Stängel Kraut der Unsterblichkeit (s. Tipp; oder ¼ Bund Schnittlauch)
1 EL Mandelkerne
2 EL Ziegenfrischkäse
Salz
frisch gemahlener schwarzer Pfeffer

NACH BELIEBEN

Kresse zum Garnieren

1. Den Teig für Fladenbrot zubereiten, halbieren und auf einer leicht bemehlten Arbeitsfläche zu zwei Fladen (Ø 13 cm) formen. Eine Pfanne ohne Fett erhitzen und die Fladen nacheinander auf jeder Seite in 1–2 Minuten goldbraun rösten.

2. Für den Belag die Gurke putzen und waschen. Mit einem Sparschäler längs in dünne Scheiben hobeln. Den halben Apfel waschen, das Kerngehäuse entfernen und den Apfel in dünne Scheiben schneiden (ich habe die Scheiben mit einem Keksausstecher zu kleinen Blümchen ausgestochen). Das Kraut der Unsterblichkeit waschen und trocken tupfen. Die Mandeln grob hacken.

3. Die Fladen mit je 1 EL Ziegenfrischkäse bestreichen und mit Gurke und Apfel belegen. Das Kraut auf den Fladen verteilen, mit den gehackten Mandeln bestreuen und alles mit Salz und Pfeffer abschmecken. Nach Belieben mit Kresse garnieren.

NÄHRWERTE: 658 KCAL • EIWEISS 25 G, FETT 22 G, KOHLENHYDRATE 80 G

TIPP

Kraut der Unsterblichkeit (Gynostemma pentaphyllum) bekommt man auf dem Wochenmarkt oder im Internethandel. Es hat einen leicht lakritzähnlichen Geschmack und neben seinen kulinarischen Stärken auch Heilwirkungen. So soll es bei Stress wohltuend sein. Ein paar frische oder getrocknete Blätter, aufgebrüht mit 250 ml Wasser – so lässt sich der stressige Alltag aushalten.

Microgreens
VITAMINVIELFALT VON DER FENSTERBANK

Knackige Sprossen und Keimlinge stehen bei mir fast täglich auf dem Speiseplan. Die Winzlinge sind nicht nur supergesund, sie benötigen auch nicht viel, um zu einem wahren Powerfood heranzuwachsen. Lediglich Wasser, Licht, ein bisschen Zeit und viel Liebe sind notwendig, um die gesunde Vitaminvielfalt auf der Fensterbank zu züchten.

Sprossen sind vollgepackt mit vielen Vitaminen und Mineralstoffen und strotzen geradezu vor Kohlenhydraten, Proteinen und sekundären Pflanzenstoffen. In den Sprösslingen konzentrieren sich fast doppelt so viele Vitamine und Mineralstoffe wie in den ausgewachsenen Pflanzen! Kein Wunder also, dass Microgreens in den letzten Jahren an Beliebtheit gewaltig zugenommen haben. Sie lassen sich leicht aus Hülsenfrüchten, Nüssen, Getreide und Gemüsesamen ziehen und sind schnell verfügbar. Je nach Sorte dauert es nur 3–10 Tage, bis man in den Genuss der kleinen Köstlichkeiten kommt.

Keine Geduld, aber trotzdem Lust auf leckere Sprossen? Auch das ist kein Problem, denn im Supermarkt oder Bioladen gibt es inzwischen ein großes Angebot an gezogenen Sprossen und Keimlingen. Rote-Bete-Sprossen, Mungobohnenkeime, Radieschensprossen und Co. sind nicht nur im Salat, in der Gemüsepfanne oder auf Brot ein absoluter Hit, auch in Smoothies bringen sie Aroma und Power.

»In Sprossen konzentrieren sich Vitamine und Co.«

KNACKIG-FRISCHE SPROSSEN SELBER ZIEHEN

Für die Aufzucht von Sprossen benötigst du nur ein Sprossenglas und zum Beispiel eine Packung Brokkolisamen. Ja, das war's schon! Sprossengläser kannst du überall im Internet- oder im Fachhandel kaufen. Die gewünschte Keimsaat bekommst du im Bioladen oder auch im Reformhaus. Der Vorteil an einem gekauften Sprossenglas ist, dass überflüssiges Wasser ablaufen kann und die Sprossen nicht im Wasser stehen.

Benötigte Materialien:
1 EL Samen / Keimsaat
1 Sprossenglas

Und so geht's:
Die Sprossenzucht beginnt mit dem Einweichen. Dazu die Samen unter kaltem Wasser abspülen, in das Sprossenglas geben und mit der doppelten Menge Wasser bedecken. Die Samen müssen nun mindestens 6 Stunden einweichen.

Anschließend das Wasser abgießen. Die gequollenen Samen zurück in das Glas geben. Achte darauf, nicht gequollene Samen oder Schalenreste jetzt zu entfernen, da diese in der feuchten Umgebung anfangen zu faulen. Nun den Siebeinsatz aufschrauben, das Glas auf den Kopf stellen und auf einer Untertasse platzieren, sodass überschüssiges Wasser ablaufen kann.

Sprossen lieben Licht, allerdings tut ihnen direkte Sonneneinstrahlung nicht gut, deshalb solltest du deine kleinen Freunde an einen hellen, aber nicht zu sonnigen Ort stellen. Neben Licht benötigen Sprossen Wasser zum Wachsen. Allerdings mögen sie kein stehendes Wasser, deshalb müssen sie zweimal täglich gespült werden. Dafür das Sieb abschrauben, Wasser einlaufen lassen, Sieb wieder aufschrauben und das Wasser ablaufen lassen.

Mit ein wenig Geduld kannst du bereits nach 4–6 Tagen leckere Sprossen ernten und genießen. Nachdem du die Sprossen gegessen hast, solltest du das Keimglas gründlich reinigen. Und schon kannst du wieder von vorne beginnen und die nächste Portion Brokkolisprossen oder eine andere Sorte heranziehen. Fertige Sprossen im Kühlschrank aufbewahren, dort halten sie sich 2–3 Tage.

SPROSSENGLAS SELBST HERSTELLEN

Du kannst natürlich auch selbst ein Sprossenglas basteln. Dazu brauchst du ein leeres, sauberes Glas und ein Stück Käseleinen oder Küchenpapier. Die Samen wie beschrieben quellen lassen, in das Glas geben und anstelle eines Deckels das Käseleinen mit einem Bindfaden fixieren. Das Glas auf den Kopf stellen und auf einer Untertasse platzieren.

Das Schöne an Sprossen ist, dass sie das ganze Jahr über gezogen werden können und keiner Saison unterliegen. Und ob du Brokkolisprossen, Rote-Bete-Sprossen, Rettichsprossen oder Kresse züchten möchtest – das Prinzip ist immer gleich. Geschmacklich unterscheiden sich die Sprossen aber schon. Brokkolisprossen sind eher mild, Rote-Bete-Sprossen schmecken leicht nussig. Wer es schärfer mag, sollte auch mal Rettichsprossen ziehen.

Frühstück / Vegetarisch / Schnell / €

ZIEGENKÄSETALER MIT SPROSSEN

ZUBEREITUNG: 5 MINUTEN

ZUTATEN

½ Handvoll Brokkolisprossen (s. S. 50/51; oder Brunnenkresse)
2–3 EL Ziegenfrischkäse
½ TL Sahnemeerrettich
6 kleine runde Scheiben Pumpernickel (oder anderes Brot)
Salz
frisch gemahlener schwarzer Pfeffer

1. Die Brokkolisprossen waschen und auf Küchenpapier trocknen.

2. Den Ziegenfrischkäse in eine kleine Schüssel geben und mit dem Sahnemeerrettich cremig rühren. Die Pumpernickelscheiben nebeneinander auf einen Teller legen, mit der Ziegenkäsecreme bestreichen und mit den Brokkolisprossen belegen.

3. Mit Salz und Pfeffer würzen. Fertig ist das frische und gesunde Superfrühstück!

NÄHRWERTE: 196 KCAL • EIWEISS 8 G, FETT 7 G, KOHLENHYDRATE 23 G

TIPP

Wer möchte, kann die Ziegenkäsetaler mit Kirschtomaten und Radieschen aufpeppen.

Frühstück / Vegetarisch / Schnell / €

FRÜHLINGSPFANNKUCHEN

ZUBEREITUNG: 20 MINUTEN

ZUTATEN

50 g Babymaiskölbchen (frisch oder aus dem Glas)
1 kleine Zucchini (125 g)
1 Schalotte
2 TL Rapsöl
50 g TK-Erbsen
1 EL Bärlauchpesto (s. S. 148)
Salz
frisch gemahlener schwarzer Pfeffer
1 Ei
50 ml Milch
1 EL Mehl

NACH BELIEBEN

Schnittlauchröllchen und Brunnenkresse zum Bestreuen

1. Die Babymaiskölbchen in Scheiben schneiden. Die Zucchini putzen, waschen und in Scheiben schneiden oder mit einem Spiralschneider zu Spiralen schneiden. Die Schalotte schälen und fein würfeln.

2. In einer Pfanne 1 TL Öl erhitzen. Schalotte, Zucchini, Mais und Erbsen hinzufügen und 2-3 Minuten andünsten. Das Pesto unterrühren und die Mischung mit Salz und Pfeffer abschmecken. Das Gemüse aus der Pfanne nehmen und beiseitestellen.

3. Ei, Milch und Mehl in einer Schüssel zu einem glatten Teig verquirlen. Das restliche Öl (1 TL) in der Pfanne erhitzen und den Teig darin bei mittlerer Hitze zu einem Pfannkuchen ausbacken, einmal wenden.

4. Den Pfannkuchen auf einen Teller legen und das Gemüse daraufgeben. Die Seiten übereinanderschlagen und mit einem Spieß fixieren. Nach Belieben mit Schnittlauch und Brunnenkresse bestreuen.

NÄHRWERTE: 370 KCAL • EIWEISS 13 G, FETT 21 G, KOHLENHYDRATE 29 G

TIPP

Der Pfannkuchen schmeckt auch süß gefüllt hervorragend, zum Beispiel mit Nougatcreme und Früchten wie Banane und Erdbeeren.

Frühstück / Vegan / Schnell / €

ROTE-BETE-APFEL-SCHNITTCHEN MIT RADICCHIO

ZUBEREITUNG: 10 MINUTEN

ZUTATEN

2 Scheiben Brot
4 TL Rote-Bete-Hummus (s. S. 148)
2 mittelgroße Blätter Radicchio
½ Apfel
3 Schnittlauchhalme
1 kleine Schalotte
Salz
frisch gemahlener schwarzer Pfeffer

1. Das Brot in einer Pfanne oder in einem Toaster leicht anrösten. Jede Brotscheibe mit Rote-Bete-Hummus bestreichen und beiseitestellen. Radicchio waschen, trocken tupfen und in feine Streifen schneiden.

2. Den halben Apfel waschen, das Kerngehäuse entfernen und den Apfel in feine Scheiben schneiden (ich habe mit einem Keksausstecher Blümchen ausgestochen). Den Schnittlauch waschen, trocken tupfen und in Röllchen schneiden. Die Schalotte schälen und in feine Ringe schneiden.

3. Die Brote mit Radicchio, Schalotte und Apfel belegen. Mit Salz und Pfeffer abschmecken und mit dem Schnittlauch bestreuen.

NÄHRWERTE: 166 KCAL • EIWEISS 5 G, FETT 4 G, KOHLENHYDRATE 30 G

TIPP

Wenn du keine Zeit für die Zubereitung des Rote-Bete-Hummus hast, kannst du ein ähnliches Produkt im Bioladen oder gut sortierten Supermarkt kaufen.

Pause?

Vegetarisch / Schnell / €

ASIATISCHES BÜROSÜPPCHEN

ZUBEREITUNG: 15 MINUTEN

ZUTATEN

1 Karotte (60 g)
1 Frühlingszwiebel
50 g Thai-Spargel
3 Champignons
1 Asia-Instantsuppe mit Mie-Nudeln (55 g)

NACH BELIEBEN

Sojasauce

1. Die Karotte putzen, schälen und in dünne Scheiben oder Stifte schneiden. Die Frühlingszwiebel putzen, waschen und fein hacken. Den Thai-Spargel waschen und in grobe Stücke schneiden. Die Champignons putzen und in dünne Scheiben schneiden.

2. Die Mie-Nudeln aus der Packung nehmen, in Stücke brechen und in ein Glas (Füllmenge 500 ml) schichten. Das Gemüse darauf verteilen und den Deckel auf das Glas schrauben.

3. Die Gemüsesuppe kurz vor dem Essen mit 350 ml kochendem Wasser übergießen und mit den Gewürzen der Instantsuppe würzen. Das Glas fest verschließen und die Suppe 3–5 Minuten ziehen lassen. Nach Belieben mit Sojasauce abschmecken. Und loslöffeln!

NÄHRWERTE: 272 KCAL • EIWEISS 7 G, FETT 6 G, KOHLENHYDRATE 45 G

TIPP

Gemüse am Abend vorbereiten, im Glas im Kühlschrank lagern und am nächsten Tag im Büro die Suppe fertig machen.

Vegetarisch / Schnell / €

GRÜNES BUTTERMILCHSÜPPCHEN

ZUBEREITUNG: 15 MINUTEN

ZUTATEN

1 gekochte Kartoffel vom Vortag (135 g)
1 Handvoll Zuckerschoten (25 g)
1 kleine Schalotte
1 TL Rapsöl
35 g TK-Erbsen
150 ml Gemüsebrühe
250 g Buttermilch
Salz
frisch gemahlener schwarzer Pfeffer
¼ Beet Kresse

NACH BELIEBEN

Brot zum Servieren

1. Die Kartoffel pellen und mit einer Gabel grob zerdrücken. Die Zuckerschoten putzen, waschen und schräg halbieren. Die Schalotte schälen und fein würfeln.

2. Das Öl in einem Topf erhitzen. Die Schalotte darin bei mittlerer Hitze kurz anschwitzen. Erbsen, Zuckerschoten und Kartoffel hinzufügen und mit der Gemüsebrühe aufgießen. 2–3 Minuten köcheln lassen, dann die Buttermilch dazugießen und unterrühren. Die Suppe mit Salz und Pfeffer abschmecken.

3. Die Kresse waschen, trocknen und unter die Suppe rühren. Auf einen Teller geben und je nach Hunger mit Brot servieren.

NÄHRWERTE: 336 KCAL • EIWEISS 19 G, FETT 11 G, KOHLENHYDRATE 39 G

TIPP

Statt mit Kartoffeln schmeckt die Suppe auch hervorragend mit übrig gebliebenem Reis.

Schnell / €

BREZEL-TOMATEN-SALAT IM GLAS

ZUBEREITUNG: 15 MINUTEN

ZUTATEN

1 Brezel
5 Kirschtomaten
1-2 Scheiben Salami
4 Mini-Mozzarellakugeln (30 g)
1 Handvoll Salatblätter

FÜR DAS DRESSING

1 TL körniger Senf
4 EL Orangensaft
1-2 TL Honig
2 TL Olivenöl
Salz
frisch gemahlener schwarzer Pfeffer
1 EL Schnittlauchröllchen

1. Die Brezel in Scheiben schneiden. Die Kirschtomaten waschen und vierteln. Die Salami in feine Streifen schneiden. Die Mozzarellakugeln abtropfen lassen und vierteln. Die Salatblätter waschen, trocken tupfen, nach Belieben kleiner zupfen und mit den vorbereiteten Zutaten in ein Glas geben und vermischen.

2. Für das Dressing Senf, Orangensaft, Honig und Öl verquirlen und mit Salz und Pfeffer abschmecken. Das Dressing zum Salat geben und gut untermischen. Den Salat mit Schnittlauch bestreuen.

NÄHRWERTE: 224 KCAL • EIWEISS 11 G, FETT 14 G, KOHLENHYDRATE 13 G

TIPP

Die Salatzutaten in einem verschließbaren Glas kühl stellen. Kurz vor dem Essen das Dressing dazugeben.

Vegetarisch / Schnell / €

BUNTER NUDELSALAT MIT KEFIRDRESSING

ZUBEREITUNG: 15 MINUTEN

ZUTATEN

Salz
150 g Tortellini (aus der Kühltheke; Füllung nach Wahl)
2 Snackpaprikaschoten (70 g; oder 1 kleine Spitzpaprikaschote)
5 Radieschen
1 Handvoll Feldsalat (25 g)
50 ml Kefir
2 Spritzer Zitronensaft
frisch gemahlener schwarzer Pfeffer
1 EL Schnittlauchröllchen

1. Salzwasser in einem Topf zum Kochen bringen und die Tortellini nach Packungsangabe darin garen. Die Paprika waschen, entkernen und in Streifen schneiden. Die Radieschen putzen, waschen und in Spalten schneiden. Den Feldsalat waschen, trocken schleudern und mit dem Gemüse vermischen.

2. Die Tortellini abgießen, abtropfen lassen und unter das Gemüse mischen. Den Kefir mit dem Zitronensaft vermischen und mit Salz und Pfeffer würzen. Den Salat auf einem Teller anrichten und das Kefirdressing darübergeben. Mit Schnittlauch bestreuen und genießen.

NÄHRWERTE: 514 KCAL • EIWEISS 14 G, FETT 7 G, KOHLENHYDRATE 88 G

TIPP

Der Salat schmeckt sowohl lauwarm als auch kalt. Für unterwegs in ein Glas schichten, das Dressing separat verpacken und kurz vor dem Essen dazugeben. Glas schütteln, öffnen, Salat genießen. Übrige Tortellini schmecken mit Bärlauchpesto (s. S. 148) oder im Buttermilchsüppchen (s. S. 60).

Schnell / €€

MINUTENSTEAK MIT MANGO-GURKEN-RELISH

ZUBEREITUNG: 15 MINUTEN

ZUTATEN

½ Mango
(125 g Fruchtfleisch)
1 Stück Salatgurke (60 g)
1 kleine Schalotte
5 Kirschtomaten
¼ Chilischote
2 Stängel Petersilie
2 TL Limettensaft
2 EL Orangensaft
1 Putensteak (150 g)
Salz
frisch gemahlener schwarzer Pfeffer
1 EL Rapsöl
½ TL Sesamsamen

1. Die halbe Mango schälen, den Kern entfernen und das Fruchtfleisch fein würfeln. Die Gurke waschen und ebenfalls in feine Würfel schneiden. Die Schalotte schälen und fein hacken. Die Kirschtomaten waschen und vierteln. Die Chilischote waschen, entkernen und fein hacken. Die Petersilie waschen, trocken tupfen und fein hacken. Alle Zutaten in eine Schüssel füllen und mit Limettensaft und Orangensaft beträufeln.

2. Das Steak mit Salz und Pfeffer würzen. Das Öl in einer Pfanne erhitzen und das Steak darin bei mittlerer Hitze auf jeder Seite 3 Minuten braten. Mit Sesam bestreuen und mit dem Mango-Gurken-Relish servieren.

NÄHRWERTE: 309 KCAL • EIWEISS 10 G, FETT 20 G, KOHLENHYDRATE 19 G

TIPP

Keine Angst vor Resten! Die übrige Mangohälfte findet im Mango-Kokos-Trifle (s. S. 75) ihren Platz.

Schnell / €€

ZUCCHINI-RINDFLEISCH-SALAT MIT KIWIDRESSING

ZUBEREITUNG: 20 MINUTEN

ZUTATEN

1 kleine Zucchini (150 g)
1 kleine Karotte (50 g)
1 Frühlingszwiebel
1 Kiwi (gold)
1 EL weißer Balsamico-Essig
1 TL körniger Senf
2 EL Apfelsaft
2 TL Olivenöl
1 Rindersteak (100 g)
Paprikapulver
Salz
frisch gemahlener schwarzer Pfeffer

1. Die Zucchini putzen, waschen und mit einem Spiralschneider oder einem Sparschäler zu Spaghetti schneiden. Die Karotte ebenfalls putzen, schälen und zu Spaghetti schneiden. Die Frühlingszwiebel putzen, waschen und in feine Ringe schneiden.

2. Die Kiwi schälen, halbieren und eine Hälfte mit Essig, Senf und Apfelsaft mit dem Stabmixer fein pürieren. Die Frühlingszwiebel unterrühren und das Dressing beiseitestellen. Die übrige Kiwihälfte in dünne Scheiben schneiden.

3. Das Öl in einer Pfanne erhitzen. Das Steak mit Paprikapulver, Salz und Pfeffer würzen und im heißen Öl 2–3 Minuten braten, dabei einmal wenden. Herausnehmen und auf einem Teller kurz ruhen lassen.

4. Zucchini- und Karottenspaghetti in die Pfanne geben und 1–2 Minuten darin schwenken. Das Fleisch in feine Streifen schneiden und in einer Schale mit dem Gemüse und den Kiwischeiben vermengen. Das Kiwidressing dazugeben und unterrühren. Und dann: Genießen!

NÄHRWERTE: 306 KCAL • EIWEISS 24 G, FETT 16 G, KOHLENHYDRATE 13 G

TIPP

Dieser erfrischende Salat schmeckt auch ganz hervorragend mit Putenfleisch oder Garnelen.

Vegetarisch / Schnell / €€

ASIATISCHE OMELETTSTREIFEN

ZUBEREITUNG: 15 MINUTEN

ZUTATEN

1 kleine Zucchini (180 g)
125 g Champignons
2 Frühlingszwiebeln
1 EL Rapsöl
1-2 EL Sojasauce
Chiliflocken
3 Eier
2 EL Milch
Salz
frisch gemahlener schwarzer Pfeffer
½ TL Sesamsamen

1. Die Zucchini putzen, waschen und in dünne Scheiben schneiden. Die Champignons putzen und vierteln, die Frühlingszwiebeln putzen, waschen und in dünne Ringe schneiden.

2. Das Öl in einer Pfanne erhitzen. Zucchini, Champignons und Frühlingszwiebeln hinzufügen und bei mittlerer Hitze 2-3 Minuten anbraten. Das Gemüse mit Sojasauce ablöschen und nach gewünschter Schärfe mit Chiliflocken würzen.

3. Die Eier in eine Schale aufschlagen und mit der Milch verquirlen. Mit Salz und Pfeffer würzen. Das Gemüse aus der Pfanne nehmen und beiseitestellen. Die Eiermasse in die Pfanne geben, verteilen und leicht stocken lassen. Das Omelett in der Mitte zusammenklappen und fertig garen. Aus der Pfanne auf ein Küchenbrett gleiten lassen und in Streifen schneiden.

4. Die Omelettstreifen auf einem Teller verteilen und das Gemüse darauf anrichten. Mit Sesam bestreuen und es sich schmecken lassen.

NÄHRWERTE: 505 KCAL • EIWEISS 34 G, FETT 34 G, KOHLENHYDRATE 11 G

Vegetarisch / Schnell / €

SPINAT-QUESADILLA MIT TOMATE & AVOCADO

ZUBEREITUNG: 20 MINUTEN

ZUTATEN

½ Avocado
2 Spritzer Limettensaft
1 EL saure Sahne
1 große Handvoll Blattspinat
4 Kirschtomaten
1 gelbe Snackpaprikaschote
2 Frühlingszwiebeln
2 Weizentortillas
50 g geriebener Käse
Chilipulver
Salz
frisch gemahlener schwarzer Pfeffer
2 TL Rapsöl

1. Das Avocadofruchtfleisch aus der Schale lösen, Kern entfernen und das Fruchtfleisch mit einer Gabel fein zerdrücken. Mit Limettensaft beträufeln und die saure Sahne unterrühren. Den Spinat waschen und trocken tupfen. Die Kirschtomaten waschen und in feine Scheiben schneiden. Paprika waschen, entkernen und in Streifen schneiden. Die Frühlingszwiebeln putzen, waschen und fein hacken.

2. Die Avocadocreme auf eine Tortilla streichen und das vorbereitete Gemüse darauf verteilen. Den Käse darüberstreuen, mit Chilipulver, Salz und Pfeffer würzen und die zweite Tortilla darauflegen.

3. Das Öl in einer Grillpfanne erhitzen und den Fladen darin bei mittlerer Hitze 3-5 Minuten braten. Zum Wenden einen Teller auf die Quesadilla legen, festhalten und die Pfanne umdrehen. Die Quesadilla zurück in die Pfanne gleiten lassen und von der anderen Seite in 3-5 Minuten fertig braten. Herausnehmen, vierteln, nach Herzenslust anrichten und reinhauen. Oder im Ganzen in Butterbrotpapier wickeln und mitnehmen.

NÄHRWERTE: 341 KCAL • EIWEISS 20 G, FETT 28 G, KOHLENHYDRATE 60 G

TIPP

Wie wäre es am nächsten Tag mit Limetten-Avocado-Pasta mit Knoblauchgarnelen (s. S. 92)? Dafür kannst du die übrige Avocadohälfte verwenden.

Dessert / Schnell / €

MANGO-KOKOS-TRIFLE IM GLAS

ZUBEREITUNG: 15 MINUTEN

ZUTATEN

½ Mango (125 g Fruchtfleisch)
3 Haferflockenkekse (35 g)
100 g Skyr (oder Quark)
1–2 TL Zucker (oder ein anderes Süßungsmittel)
2 Spritzer Limettensaft
etwas abgeriebene Bio-Limettenschale
1 EL Kokosflocken

ZUM GARNIEREN

Kokosflocken
1 Limettenspalte
Minze

1. Die halbe Mango schälen, den Kern entfernen und das Fruchtfleisch fein würfeln oder mit einem Stabmixer fein pürieren. Die Haferflockenkekse zerkrümeln und in ein Glas (Füllmenge 290 ml) füllen. Den Skyr in eine Schüssel geben und mit Zucker, Limettensaft, Limettenschale und den Kokosflocken cremig rühren.

2. Den Skyr abwechselnd mit dem Mangopüree auf den Keksboden schichten. Mit Mango abschließen und das Dessert mit Kokosflocken, der Limettenspalte und Minze garnieren.

NÄHRWERTE: 410 KCAL • EIWEISS 15 G, FETT 14 G, KOHLENHYDRATE 51 G

TIPP

Je süßer die Frucht, desto weniger Zucker brauchst du für die Creme. Das Trifle schmeckt auch fein mit Erdbeeren, Brombeeren oder Himbeeren. Mit der übrigen Mangohälfte lässt sich ein leckeres Minutensteak mit Mango-Gurken-Relish zaubern (s. S. 67).

Hygge-Food

KAPITEL 3: WENN DIE SEELE FUTTER BRAUCHT …

Jetzt wird's gemütlich! Wir entspannen und erholen uns bei wärmenden Suppen und Currys, bei süßem Grießbrei und bei Crumble, der nach Kindheit schmeckt und wie Omas frisch gebackener Apfelkuchen duftet.

Frühstück / Schnell / €

SCHOKOLADENPORRIDGE MIT GEBACKENER ZIMTBANANE

ZUBEREITUNG: 10 MINUTEN

ZUTATEN

70 g Haferflocken
250 ml Milch
1-2 EL Ahornsirup
1 TL Kakaopulver
1 kleine Banane
2 TL Butter
½ TL gemahlener Zimt
1 TL Rohrzucker
2 TL gehackte Mandelkerne

1. Haferflocken, Milch, Ahornsirup und Kakaopulver in einem Topf unter ständigem Rühren erhitzen. 2-3 Minuten leicht köcheln lassen, bis eine breiige Masse entsteht.

2. Inzwischen die Banane schälen und längs halbieren. Die Butter in einer Pfanne erhitzen. Die Bananenhälften dazugeben, mit Zimt und Zucker bestreuen und kurz goldbraun braten.

3. Den Porridge in eine Schale füllen, die gebackenen Bananenhälften nach Belieben einmal durchschneiden und auf den Porridge geben. Das Ganze mit den gehackten Mandeln bestreuen und genießen.

NÄHRWERTE: 633 KCAL • EIWEISS 20 G, FETT 24 G, KOHLENHYDRATE 80 G

TIPP

Ein bisschen sündiger wird der Porridge mit ein paar zusätzlichen Stückchen gehackter Schokolade.

Frühstück / Schnell / €€

SESAM-NEKTARINEN-TRAUM AUS 1001 NACHT

ZUBEREITUNG: 15 MINUTEN

ZUTATEN

1 Sesamriegel (27 g)
200 g griechischer Joghurt
2 TL Ahornsirup (oder Honig)
2 kleine Nektarinen
8 Kirschen
1 TL Rohrzucker
1 TL Butter

1. Den Sesamriegel mit den Händen zerkrümeln und beiseitelegen. Den Joghurt mit dem Ahornsirup cremig rühren und in eine Müslischale füllen. Die Nektarinen und Kirschen waschen, die Nektarinen halbieren, entkernen und vierteln. Einige Kirschen halbieren und entkernen, die übrigen Kirschen ganz lassen und beiseitelegen.

2. Die Nektarinenhälften auf den Schnittflächen mit Zucker bestreuen. Die Butter in einer Grillpfanne erhitzen und die Nektarinen darin auf den Schnittflächen bei mittlerer Hitze 2-3 Minuten anbraten. Herausnehmen.

3. Die halbierten Kirschen und die Nektarinen zum Joghurt geben, mit den Sesamkrümeln bestreuen, mit den ganzen Kirschen garnieren und loslöffeln.

NÄHRWERTE: 513 KCAL • EIWEISS 15 G, FETT 38 G, KOHLENHYDRATE 29 G

Vegetarisch / €

KICHERERBSEN-KAROTTEN-SUPPE

ZUBEREITUNG: 30 MINUTEN

ZUTATEN

2 Karotten (150 g)
1 Schalotte
1 TL Rapsöl
120 g Kichererbsen (aus der Dose; abgetropft)
Saft von ½ Orange (125 ml)
350 ml Gemüsebrühe
½ TL Currypulver
Salz
frisch gemahlener schwarzer Pfeffer
50 g Schlagsahne

ZUM GARNIEREN

Kresse
½ Handvoll Salzbrezeln

1. Die Karotten putzen, schälen und grob würfeln. Die Schalotte schälen und fein hacken. Das Öl in einem Topf erhitzen und die Schalotte kurz darin anschwitzen. Karotten und Kichererbsen hinzufügen, mit Orangensaft und Gemüsebrühe aufgießen und mit Currypulver, Salz und Pfeffer würzen. Die Suppe bei mittlerer Hitze 20 Minuten köcheln lassen.

2. Die Suppe mit einem Stabmixer im Topf cremig pürieren und die Schlagsahne dazugießen. Kurz aufkochen lassen, in eine Schale umfüllen und mit Kresse und Salzbrezeln garnieren.

NÄHRWERTE: 643 KCAL • EIWEISS 20 G, FETT 34 G, KOHLENHYDRATE 60 G

Vegetarisch / Schnell / €

MAISSÜPPCHEN MIT TORTILLACHIPS

ZUBEREITUNG: 15 MINUTEN

ZUTATEN

1 kleine Schalotte
1 EL Olivenöl
140 g Maiskörner (aus der Dose; abgetropft)
½ TL Currypulver
½ TL gemahlene Kurkuma
250 ml Gemüsebrühe
50 g Schlagsahne
2 Spritzer Limettensaft
Salz
frisch gemahlener schwarzer Pfeffer

ZUM GARNIEREN

1 Frühlingszwiebel
½ Handvoll Tortillachips
1 Limettenspalte
Oregano nach Belieben

1. Die Schalotte schälen und fein hacken. Das Öl in einem Topf erhitzen und die Schalotte darin anschwitzen. Den Mais hinzufügen und kurz andünsten. Currypulver und Kurkuma hinzufügen und die Gemüsebrühe dazugießen. Alles bei mittlerer Hitze 10 Minuten köcheln lassen.

2. Inzwischen die Frühlingszwiebel putzen, waschen und in feine Ringe schneiden. Die Tortillachips grob zerkrümeln.

3. Die Schlagsahne zur Suppe geben und alles mit Limettensaft, Salz und Pfeffer abschmecken. Das Süppchen in eine Schüssel geben, mit Tortillachips, Frühlingszwiebeln, der Limettenspalte und nach Belieben Oregano garnieren und genießen.

NÄHRWERTE: 558 KCAL • EIWEISS 9 G, FETT 41 G, KOHLENHYDRATE 35 G

TIPP

Wenn du 1/2 Avocado übrig hast, kannst du sie klein würfeln und zum Schluss kurz in der Suppe erwärmen. Sehr lecker!

Vegetarisch / Schnell / €€

POLENTA-BUDDHA-BOWL

ZUBEREITUNG: 20 MINUTEN

ZUTATEN

150 ml Gemüsebrühe
125 ml Milch
50 g Polenta
1 Schalotte
1 Knoblauchzehe
8 Kirschtomaten
80 g Champignons
50 g Babyspinat
1 TL Olivenöl
1 EL Balsamico-Essig
Salz
frisch gemahlener schwarzer Pfeffer
1 EL Ziegenfrischkäse

1. Gemüsebrühe und Milch in einem Topf aufkochen. Die Polenta einrieseln lassen, kräftig umrühren und bei mittlerer Hitze aufkochen lassen. Den Herd ausschalten und die Polenta 10 Minuten quellen lassen.

2. Inzwischen die Schalotte schälen und in feine Ringe schneiden. Den Knoblauch schälen und fein hacken. Die Kirschtomaten waschen und halbieren. Die Champignons putzen und je nach Größe halbieren oder vierteln. Den Spinat waschen und trocken schleudern.

3. Das Öl in einer Pfanne erhitzen. Schalotte und Knoblauch dazugeben und kurz anschwitzen. Kirschtomaten, Champignons und Spinat dazugeben und bei mittlerer Hitze etwa 2 Minuten braten. Das Gemüse mit dem Essig ablöschen und mit Salz und Pfeffer abschmecken.

4. Den Ziegenfrischkäse unter die Polenta rühren. Die Polenta in eine Schüssel füllen, das Gemüse daraufgeben und die Bowl sofort genießen.

NÄHRWERTE: 395 KCAL • EIWEISS 17 G, FETT 13 G, KOHLENHYDRATE 51 G

TIPP

Wer es besonders cremig mag, rührt noch 1–2 EL Kürbismarmelade (s. S. 139) unter die Polenta.

Vegetarisch / €

GERÖSTETER BLUMENKOHL MIT KÜRBISMARMELADE & MOZZARELLA

ZUBEREITUNG: 10 MINUTEN • **BACKZEIT:** 30 MINUTEN

ZUTATEN

1 kleiner Blumenkohl (400 g)
1 TL Currypulver
1 Msp. frisch geriebene Muskatnuss
2 EL Olivenöl
2 EL Kürbismarmelade *(s. S. 139)*
6 Mini-Mozzarellakugeln
1 EL Schnittlauchröllchen
Salz
frisch gemahlener schwarzer Pfeffer

1. Den Backofen auf 200 °C vorheizen und ein Backblech mit Backpapier auslegen. Den Blumenkohl putzen, den Strunk entfernen und den Kohl in kleine Röschen teilen. Die Röschen in eine Schüssel geben. Currypulver und Muskat mischen, mit dem Öl zum Blumenkohl geben und alles gut vermischen. Die Blumenkohlröschen auf dem Backblech verteilen und im Ofen auf der mittleren Schiene in 25–30 Minuten goldbraun rösten.

2. Die Kürbismarmelade auf einem Teller verstreichen. Die Mozzarellakugeln abtropfen lassen und klein zupfen. Den Blumenkohl aus dem Ofen nehmen, auf der Kürbismarmelade anrichten, mit Mozzarella belegen und mit Schnittlauch bestreuen. Mit Salz und Pfeffer abschmecken und genießen.

NÄHRWERTE: 413 KCAL • EIWEISS 16 G, FETT 31 G, KOHLENHYDRATE 10 G

TIPP

Make it vegan!
Einfach den Mozzarella weglassen oder gegen ein veganes Produkt austauschen. Angebratener Tofu schmeckt auch ganz wunderbar dazu.

Vegetarisch / Schnell / €€

ROTES KOKOSCURRY MIT TOFUNUGGETS

ZUBEREITUNG: 20 MINUTEN

FÜR DIE TOFUNUGGETS

50 g Tofu
1 Ei
1 EL Mehl
2 EL Semmelbrösel (s. S. 20)

FÜR DAS CURRY

1 Schalotte
2 Mini-Pak-Choi (300 g)
2 EL Rapsöl
1 EL rote Currypaste
120 g Kichererbsen (aus der Dose; abgetropft)
200 g Kokosmilch
1 TL Zucker
Salz
frisch gemahlener schwarzer Pfeffer

1. Für die Tofunuggets den Tofu mit Küchenpapier trocken tupfen und in mundgerechte Würfel schneiden. Das Ei aufschlagen, verquirlen und auf einen Teller geben. Mehl und Semmelbrösel ebenfalls auf zwei Teller verteilen. Die Tofuwürfel erst in Mehl, dann im Ei und zum Schluss in den Semmelbröseln wenden. Beiseitestellen.

2. Für das Curry die Schalotte schälen und fein würfeln. Den Pak Choi putzen, waschen und in Streifen schneiden.

3. In einem Topf 1 EL Öl erhitzen und die Schalotte kurz darin anschwitzen. Die Currypaste hinzufügen und bei mittlerer Hitze 1 Minute anbraten. Den Pak Choi und die Kichererbsen dazugeben. Alles mit der Kokosmilch und 50 ml Wasser aufgießen. Bei schwacher Hitze 6-8 Minuten köcheln lassen.

4. Inzwischen das restliche Öl (1 EL) in einer Pfanne erhitzen und die Tofuwürfel darin in 5 Minuten rundum goldbraun braten.

5. Das Curry mit Zucker würzen und mit Salz und Pfeffer abschmecken. In eine Schüssel füllen und mit den Tofunuggets toppen.

NÄHRWERTE: 940 KCAL • EIWEISS 40 G, FETT 55 G, KOHLENHYDRATE 59 G

TIPP

Statt der Tofunuggets schmecken auch Reis oder Nudeln vom Vortag. Einfach im Curry erwärmen.

€€

LIMETTEN-AVOCADO-PASTA MIT KNOBLAUCHGARNELEN

ZUBEREITUNG: 25 MINUTEN

ZUTATEN

75 g Pasta (z. B. Spaghetti)
Salz
1 Knoblauchzehe
½ rote Chilischote
4 Kirschtomaten
80 g Garnelen (küchenfertig)
1 EL Olivenöl
½ Avocado
Saft von ½ Limette
frisch gemahlener schwarzer Pfeffer

NACH BELIEBEN

1 TL gehacktes Koriandergrün

1. Die Pasta in reichlich kochendem Salzwasser nach Packungsangabe bissfest garen.

2. Inzwischen den Knoblauch schälen und fein hacken. Die Chilischote waschen, entkernen und fein hacken. Die Tomaten waschen und vierteln. Die Garnelen mit Küchenpapier abtupfen. Das Öl in einer Pfanne erhitzen. Knoblauch, Chili und Garnelen hinzufügen und bei mittlerer Hitze 3 Minuten anbraten.

3. Das Fruchtfleisch der Avocado aus der Schale lösen, Kern entfernen, das Fruchtfleisch mit einer Gabel fein zerdrücken und mit dem Limettensaft mischen. Die Garnelen aus der Pfanne nehmen, die Avocadocreme unter Rühren in die Pfanne geben, mit 100 ml Nudelwasser aufgießen und 2–3 Minuten köcheln lassen.

4. Die Nudeln in ein Sieb abgießen, kurz abtropfen lassen und mit den Garnelen sowie den Tomaten unter die Sauce heben. Mit Salz und Pfeffer abschmecken, nach Belieben mit Koriandergrün bestreuen und genießen.

NÄHRWERTE: 471 KCAL • EIWEISS 27 G, FETT 17 G, KOHLENHYDRATE 53 G

TIPP

Für veganen Genuss einfach die Garnelen durch die gleiche Menge Tofu ersetzen. Die übrige Avocadohälfte lässt sich zum Beispiel für die Spinat-Quesadilla (s. S. 72) verwenden.

Dessert / €

GRIESSBREI MIT INGWER-APRIKOSEN

ZUBEREITUNG: 25 MINUTEN

FÜR DIE INGWER-APRIKOSEN
4 Aprikosen
1 daumendickes Stück Ingwer
3 EL Orangensaft
2 TL Rohrzucker

FÜR DEN GRIESSBREI
200 ml Milch
1 EL Rohrzucker
Mark von ½ Vanilleschote
1 Msp. frisch geriebene Muskatnuss
20 g Weichweizengrieß

ZUM GARNIEREN
1 EL gehackte Walnusskerne

1. Die Aprikosen waschen, halbieren, entkernen und grob würfeln. Den Ingwer schälen und fein reiben. Aprikosen und Ingwer mit Orangensaft und Zucker in einen Topf geben, einmal aufkochen und dann bei schwacher Hitze 5–10 Minuten köcheln lassen. Kurz abkühlen lassen und mit einem Stabmixer fein pürieren.

2. Für den Grießbrei die Milch mit Zucker, Vanillemark und Muskat in einem Topf zum Kochen bringen. Grieß unter Rühren einrieseln lassen und nochmals aufkochen. Die Hitze reduzieren und die Mischung unter ständigem Rühren 3–5 Minuten leicht köcheln lassen, bis ein dickflüssiger Brei entsteht.

3. Grießbrei und Aprikosenmus abwechselnd in ein Glas schichten oder beides in eine Schüssel geben. Mit den Walnüssen bestreuen.

NÄHRWERTE: 391 KCAL • EIWEISS 11 G, FETT 14 G, KOHLENHYDRATE 55 G

TIPP

Grießbrei schmeckt auch wunderbar zum Frühstück. Einfach am Abend vorher zubereiten und zugedeckt in den Kühlschrank stellen. Statt mit Walnüssen kannst du meinen Grießbrei auch mit einem zerbröselten Sesamriegel toppen.
Das Aprikosenmus ist auch ein feiner Brotaufstrich.

Vegan / €

JOHANNISBEER-NICECREAM

ZUBEREITUNG: 10 MINUTEN • **KÜHLZEIT:** 4 STUNDEN

ZUTATEN

2 große reife Bananen (oder 3 kleine)
125 g Johannisbeeren

NACH BELIEBEN

Ahornsirup (oder ein anderes Süßungsmittel)
1 Waffelhörnchen (aus der Eisdiele)

1. Die Bananen schälen, in grobe Stücke schneiden, in einen Gefrierbeutel füllen und 4 Stunden im Tiefkühlfach gefrieren.

2. Die Johannisbeeren waschen, von den Rispen lösen und mit den gefrorenen Bananenstücken in den Mixer geben. Zu einer cremigen Masse pürieren und nach Geschmack süßen. Das Eis in ein Waffelhörnchen oder in eine kleine Schale geben und ganz in Ruhe genießen.

NÄHRWERTE: 56 KCAL • EIWEISS 2 G, FETT 1 G, KOHLENHYDRATE 8 G

TIPP

Je reifer die Bananen sind, desto süßer wird das Eis, und du kannst auf Zucker verzichten. Das Eis schmeckt auch toll mit anderen Früchten, zum Beispiel mit Erdbeeren oder Heidelbeeren.

Couch Potato

KAPITEL 4: WENN ICH MAL SO RICHTIG FAUL SEIN WILL …

Kuscheldecke ausbreiten, auf die Couch verkrümeln und endlich entspannen. Nach einem anstrengenden Tag relaxe ich am liebsten mit leckeren, unkomplizierten Wohlfühlrezepten direkt aus dem Topf oder Backofen.

Snack / Vegetarisch / €

ÜBERBACKENES CHAMPIGNON-KNUSPERBAGUETTE

ZUBEREITUNG: 10 MINUTEN • **BACKZEIT:** 15 MINUTEN

ZUTATEN

1 Baguettebrötchen
1 rote Zwiebel (oder Schalotte)
1 Knoblauchzehe
125 g Champignons
20 g Kräuterbutter (oder 2 TL Olivenöl)
Salz
frisch gemahlener schwarzer Pfeffer
80 g Schmand
25 g geriebener Käse

NACH BELIEBEN

Schnittlauchröllchen
gehackte Petersilie

1. Den Backofen auf 200 °C vorheizen und ein Backblech mit Backpapier auslegen. Das Baguettebrötchen längs aufschneiden.

2. Die Zwiebel schälen und in feine Ringe schneiden. Den Knoblauch schälen und fein hacken. Die Champignons putzen und in Scheiben schneiden. Die Kräuterbutter in einer Pfanne erhitzen, Zwiebel, Knoblauch und Champignons dazugeben und 2 Minuten anbraten. Mit Salz und Pfeffer abschmecken.

3. Beide Baguettehälften mit Schmand bestreichen und mit der Champignonmischung belegen. Den Käse darüberstreuen und das Baguette im Ofen auf der mittleren Schiene in 12–15 Minuten goldbraun backen. Herausnehmen, nach Belieben mit Kräutern bestreuen und reinbeißen.

NÄHRWERTE: 872 KCAL • EIWEISS 32 G, FETT 42 G, KOHLENHYDRATE 87 G

TIPP

Keine Champignons gekauft? Für das Knusperbaguette eignen sich allerlei Gemüsereste aus dem Kühlschrank. Klein schneiden und drauflegen!

€€

FÄCHERKARTOFFELN MIT BÄRLAUCHQUARK

ZUBEREITUNG: 10 MINUTEN • **BACKZEIT:** 30 MINUTEN

ZUTATEN

4 kleine Kartoffeln (300 g)
20 g Kräuterbutter
Salz
frisch gemahlener schwarzer Pfeffer
50 g Quark
2 EL Milch (oder Kefir)
1–2 TL Bärlauchpesto (s. S. 148)
1 große Handvoll Feldsalat
50 g Räucherlachs
gemischte gehackte Kräuter (z. B. Schnittlauch, Petersilie; oder Kresse)

1. Den Backofen auf 200 °C vorheizen und ein Backblech mit Backpapier auslegen. Die Kartoffeln waschen. Nacheinander auf einen Esslöffel legen und mit einem scharfen Messer in etwa 5 mm dünne Scheiben schneiden, dabei immer schneiden, bis das Messer auf den Löffelrand stößt. Mit diesem Trick schneidet man sie ein, aber nicht durch.

2. Die Kräuterbutter in dünne Scheiben schneiden und zwischen die Kartoffelscheiben legen. Die Kartoffeln mit Salz und Pfeffer würzen und auf das Backblech geben. Im Ofen auf der mittleren Schiene 25–30 Minuten backen.

3. Inzwischen den Quark mit der Milch und dem Bärlauchpesto verrühren und mit Salz und Pfeffer abschmecken. Den Feldsalat waschen und trocken schleudern.

4. Die Fächerkartoffeln aus dem Ofen nehmen, auf einen Teller geben, mit Bärlauchquark, Räucherlachs und Feldsalat hübsch anrichten und mit gehackten Kräutern oder Kresse bestreuen.

NÄHRWERTE: 802 KCAL • EIWEISS 30 G, FETT 31 G, KOHLENHYDRATE 94 G

TIPP

Wer möchte, kann den Räucherlachs auch durch Parmaschinken oder Feta ersetzen.

R
E
L
A
X

€

RAVIOLI-SPINAT-AUFLAUF

ZUBEREITUNG: 15 MINUTEN • **BACKZEIT:** 15 MINUTEN

ZUTATEN

125 g Ravioli (aus der Kühltheke; Füllung nach Wahl)
Salz
1 Schalotte
1 Knoblauchzehe
75 g Blattspinat
1 EL Rapsöl
frisch gemahlener schwarzer Pfeffer
100 g stückige Tomaten (aus der Dose)
1 TL gehackte Kräuter (z. B. Thymian, Majoran)
50 g Crème fraîche
25 g geriebener Käse

ZUM GARNIEREN

Basilikumblätter

1. Den Backofen auf 200 °C vorheizen und eine kleine Auflaufform bereitstellen. Die Ravioli in einem Topf in Salzwasser 2 Minuten garen, abgießen, abtropfen lassen und beiseitestellen.

2. Schalotte und Knoblauch schälen und fein hacken. Den Spinat waschen und trocken schütteln. Das Öl in einer Pfanne erhitzen, Schalotte und Knoblauch darin glasig anschwitzen. Den Spinat hinzufügen und zusammenfallen lassen. Mit Salz und Pfeffer abschmecken.

3. Stückige Tomaten in eine Schüssel geben, mit Kräutern, Salz und Pfeffer abschmecken und in die Form füllen. Die Ravioli darauf verteilen und den Spinat darübergeben. Mit der Crème fraîche bestreichen, mit dem geriebenen Käse bestreuen und im Ofen auf der mittleren Schiene in 12–15 Minuten goldbraun backen.

4. Den Auflauf aus dem Ofen nehmen, mit Basilikum bestreuen und direkt aus der Form genießen.

NÄHRWERTE: 440 KCAL • EIWEISS 17 G, FETT 33 G, KOHLENHYDRATE 17 G

TIPP

Statt mit Ravioli lässt sich der Auflauf auch ganz wunderbar mit Tortellini zubereiten.

Vegetarisch / €€

ONE POT PASTA

ZUBEREITUNG: 25 MINUTEN

ZUTATEN

1 Schalotte
1 Knoblauchzehe
100 g Thai-Spargel
100 g Pfifferlinge
1 EL Rapsöl
80 g TK-Erbsen
300 ml Gemüsebrühe
75 g Nudeln (z. B. Spirelli)
50 g Schlagsahne
Salz
frisch gemahlener schwarzer Pfeffer
Schnittlauchröllchen

1. Schalotte und Knoblauch schälen und fein hacken. Den Thai-Spargel waschen und in Stücke schneiden. Die Pfifferlinge putzen und klein schneiden. Das Öl in einem Topf erhitzen, Schalotte und Knoblauch darin anschwitzen. Die Erbsen dazugeben und kurz andünsten.

2. Mit der Gemüsebrühe aufgießen und die Nudeln hinzufügen. Die Brühe aufkochen und alles bei mittlerer Hitze unter gelegentlichem Rühren 12–15 Minuten köcheln lassen. Sollte das Ganze zu trocken werden, etwas Gemüsebrühe hinzugeben.

3. Kurz vor Garzeitende Thai-Spargel und Pfifferlinge dazugeben. Zum Schluss die Schlagsahne unterrühren, alles mit Salz und Pfeffer abschmecken und mit Schnittlauchröllchen bestreuen. Am besten mit dem Topf auf die Couch begeben!

NÄHRWERTE: 772 KCAL • EIWEISS 23 G, FETT 39 G, KOHLENHYDRATE 70 G

TIPP

Geriebener Parmesan, über die fertige Pasta gestreut, macht sie noch cremiger.

Vegetarisch / €

SÜSSKARTOFFELGRATIN

ZUBEREITUNG: 10 MINUTEN • **BACKZEIT:** 30 MINUTEN

ZUTATEN

Butter für die Form
400 g Süßkartoffeln
50 g Schmand
2 EL Milch
Salz
frisch gemahlener schwarzer Pfeffer
25 g geriebener Bergkäse
1 Frühlingszwiebel

1. Den Backofen auf 200 °C vorheizen und eine Quicheform (Ø 24 cm) mit Butter einfetten. Die Süßkartoffeln waschen und nach Wunsch schälen oder mit der Schale in dünne Scheiben schneiden. Süßkartoffelscheiben in der Form fächerförmig anordnen.

2. Schmand und Milch in einer Schüssel verrühren, mit Salz und Pfeffer abschmecken und gleichmäßig über die Süßkartoffeln gießen. Mit dem Käse bestreuen und im Ofen auf der mittleren Schiene in 25–30 Minuten goldbraun backen.

3. Die Frühlingszwiebel putzen, waschen und in dünne Ringe schneiden. Das Süßkartoffelgratin aus dem Backofen nehmen, mit der Frühlingszwiebel bestreuen und direkt aus der Form genießen.

NÄHRWERTE: 658 KCAL • EIWEISS 19 G, FETT 20 G, KOHLENHYDRATE 99 G

TIPP

Mit einem kleinen gemischten Salat wird aus dem leckeren Süßkartoffelgratin eine vollwertige Hauptmahlzeit.

Schnell / €

PIZZA MIT CHAMPIGNONS, ARTISCHOCKEN UND PARMASCHINKEN

ZUBEREITUNG: 5 MINUTEN • **BACKZEIT:** 12 MINUTEN

ZUTATEN

1 Rezept Fladenbrot *(s. S. 151)*
3–4 EL stückige Tomaten (aus der Dose)
½ TL getrockneter Oregano
Salz
frisch gemahlener schwarzer Pfeffer
60 g Champignons
60 g eingelegte Artischockenherzen
2 Scheiben Parmaschinken
25 g geriebener Käse
einige Basilikumblättchen

1. Den Backofen auf 220 °C vorheizen und ein Backblech mit Backpapier auslegen. Den Teig für das Fladenbrot vorbereiten und auf einer bemehlten Arbeitsfläche zu einem Kreis mit 23 cm Ø ausrollen.

2. Stückige Tomaten mit Oregano, Salz und Pfeffer abschmecken und beiseitestellen. Die Champignons putzen und in Scheiben schneiden. Die Artischockenherzen abtropfen lassen und ebenfalls in Scheiben schneiden.

3. Den Teigboden mit der Tomatensauce bestreichen. Champignons, Artischocken und Parmaschinken darauf verteilen und mit Käse bestreuen. Die Pizza im Ofen auf der mittleren Schiene in 10–12 Minuten goldbraun backen.

4. Die Pizza aus dem Ofen nehmen, mit Basilikum bestreuen, in Stücke schneiden und am besten mit den Händen essen.

NÄHRWERTE: 654 KCAL • EIWEISS 36 G, FETT 25 G, KOHLENHYDRATE 65 G

TIPP

Bei Pizza hat jeder andere Vorlieben, darum sind deiner Kreativität hier keine Grenzen gesetzt, und du kannst sie jedes Mal anders belegen – einfach gucken, was im Haus ist.

€€

BÄRLAUCH-RISOTTO MIT FLUSSKREBSEN

ZUBEREITUNG: 10 MINUTEN • **GARZEIT:** 30 MINUTEN

ZUTATEN
1 Schalotte
1 EL Rapsöl
75 g Risottoreis
75 ml Weißwein (oder 75 ml mehr Gemüsebrühe)
275 ml Gemüsebrühe
2 TL Bärlauchpesto (s. S. 148; oder gekauftes Basilikumpesto)
25 g Parmesan, gerieben
75 g Flusskrebsfleisch
Salz
frisch gemahlener schwarzer Pfeffer

NACH BELIEBEN
Kresse
35 g schwarze Oliven

1. Die Schalotte schälen und fein würfeln. Das Öl in einem Topf erhitzen und die Schalotte darin glasig anschwitzen. Den Reis hinzufügen und kurz andünsten. Den Weißwein dazugießen und bei mittlerer Hitze köcheln lassen, bis der Reis den Wein aufgenommen hat.

2. Die Gemüsebrühe nach und nach dazugeben. Sobald der Reis die Brühe vollständig aufgenommen hat, die nächste Portion dazugeben. Dabei immer wieder umrühren.

3. Wenn der Reis gar, aber noch bissfest ist, Bärlauchpesto, Parmesan und Flusskrebsfleisch unter den Risotto rühren. Mit Salz und Pfeffer abschmecken, nach Belieben mit Kresse bestreuen und mit schwarzen Oliven garnieren. Auf dem Sofa genießen.

NÄHRWERTE: 763 KCAL • EIWEISS 30 G, FETT 38 G, KOHLENHYDRATE 61 G

Dessert / €

HEIDELBEER-APFEL-CRUMBLE

ZUBEREITUNG: 10 MINUTEN • **BACKZEIT:** 20 MINUTEN

ZUTATEN

1 kleiner Apfel (115 g)
125 g Heidelbeeren
3 TL Rohrzucker
1 EL Zitronensaft
2 TL kalte Butter
30 g Mehl
½ TL gemahlener Zimt
1 EL gehackte Cashewkerne

1. Den Backofen auf 200 °C vorheizen. Den Apfel waschen, vierteln, entkernen und in Stücke schneiden. Die Heidelbeeren waschen und mit den Apfelstücken in eine Schüssel geben. 1 TL Zucker und den Zitronensaft hinzugeben und gut vermischen.

2. Butter, Mehl, Zimt, übrigen Zucker (2 TL) und gehackte Cashewkerne in einer zweiten Schüssel mit den Fingern zu einem krümeligen Teig verkneten.

3. Die Heidelbeer-Apfel-Mischung in eine ofenfeste Tasse oder eine kleine Auflaufform füllen, mit den Streuseln belegen und im Ofen auf der mittleren Schiene in etwa 20 Minuten goldbraun backen.

NÄHRWERTE: 359 KCAL • EIWEISS 4 G, FETT 15 G, KOHLENHYDRATE 45 G

TIPP

Make it vegan!
Mit Margarine statt Butter ist der Crumble ein leckeres veganes Dessert.
Keine Lust auf Müsli zum Frühstück? Wie wäre es mit einem heißen Heidelbeer-Apfel-Crumble mit cremigem Joghurt?

Powerfood

KAPITEL 5: WENN ICH EINE EXTRA PORTION ENERGIE BRAUCHE …

Unterwegs muss es manchmal schnell gehen, und gerade beim Sport möchte ich mich voll und ganz auf mein Workout konzentrieren. Da ist Powerfood, beispielsweise in Form von einem leckeren Avocado-Wrap oder Melonen-Smoothie, einfach total angesagt.

Frühstück / Schnell / €

OVERNIGHT OATS MIT KIRSCHEN

ZUBEREITUNG: 10 MINUTEN • **KÜHLZEIT:** ÜBER NACHT

ZUTATEN

50 g Kirschen
50 g Himbeeren
35 g Zartbitterschokolade
50 g Haferflocken
1–2 EL Ahornsirup (oder 4 getrocknete Datteln, fein gehackt)
150 ml Milch (oder Mandeldrink)

ZUM GARNIEREN

Johannisbeeren
Kirschen

1. Kirschen und Himbeeren waschen und trocken tupfen. Die Kirschen halbieren und entkernen. Die Schokolade grob zerbröckeln.

2. Die Haferflocken in ein Glas mit Deckel geben (Füllmenge etwa 500 ml) und den Ahornsirup und die Milch dazugeben. Vorbereitetes Obst und Zartbitterschokolade hinzufügen. Das Glas verschließen und bis zum nächsten Morgen im Kühlschrank kalt stellen. Zum Frühstück mit Johannisbeeren und einigen ganzen Kirschen garnieren.

NÄHRWERTE: 592 KCAL • EIWEISS 15 G, FETT 22 G, KOHLENHYDRATE 78 G

TIPP

Wie der Name schon sagt, lassen sich die Overnight Oats einfach am Abend vorher zubereiten und am nächsten Morgen daheim essen oder bequem zur Arbeit mitnehmen.

Snack / Vegetarisch / Schnell / €€

DATTEL-ERDNUSS-SCHOKO-COOKIES

ZUBEREITUNG: 30 MINUTEN

ZUTATEN

100 g Datteln
75 g Erdnussmus oder Cashewmus
16 Haferflockenkekse (200 g)
50 g Erdnüsse
80 g Zartbitterschokolade

1. Die Datteln und das Nussmus in ein Schüssel geben und mit einem Stabmixer cremig pürieren. Acht Haferflockenkekse auf der Arbeitsfläche verteilen und jeden Keks auf der Unterseite mit etwas Creme bestreichen.

2. Die Hälfte der Erdnüsse grob hacken und beiseitestellen. Die restlichen Erdnüsse auf den bestrichenen Keksen verteilen und fest in die Creme drücken. Die übrigen Kekse auf die belegten Kekse setzen, etwas zusammendrücken und beiseitelegen.

3. Die Zartbitterschokolade über einem heißen Wasserbad oder in der Mikrowelle schmelzen und die Cookies komplett darin eintauchen. Auf einem Kuchengitter abtropfen lassen, mit den gehackten Erdnüssen bestreuen und vollständig trocknen lassen.

NÄHRWERTE (PRO STÜCK):
308 KCAL • EIWEISS 8 G, FETT 18 G, KOHLENHYDRATE 25 G

TIPP

In einer luftdicht verschlossenen Frischhaltedose halten sich die Cookies 1 Woche.

Snack / Schnell / €€

APRIKOSEN-CASHEW-ENERGIEBÄLLCHEN

ZUBEREITUNG: 10 MINUTEN • **KÜHLZEIT:** 30 MINUTEN

ZUTATEN

30 g getrocknete Feigen
50 g Cashewkerne
45 g getrocknete Aprikosen
20 g Goldleinsamen
40 g Haferflocken
1 EL Cashewmus
2 EL Orangensaft
15 g Zartbitterschokolade, gehackt (oder 1 TL Kakaonibs)

1. Feigen, Cashewkerne, Aprikosen, Goldleinsamen und Haferflocken in einen Multizerkleinerer geben und fein hacken. Cashewmus, Orangensaft und Zartbitterschokolade hinzufügen und alle Zutaten zu einem Teig vermengen.

2. Aus dem Teig acht Bällchen formen und im Kühlschrank mindestens 30 Minuten kalt stellen. Die Bällchen sind der perfekte Energieschub für zwischendurch und nach dem Sport.

NÄHRWERTE (PRO BÄLLCHEN):
107 KCAL • EIWEISS 4 G, FETT 5 G, KOHLENHYDRATE 10 G

TIPP

In einer luftdicht verschlossenen Frischhaltedose verpackt halten sich die Energiebällchen 3–5 Tage.

Frühstück / Snack / €

BROMBEER-MANDEL-MUFFINS

ZUBEREITUNG: 10 MINUTEN • **BACKZEIT:** 20 MINUTEN

ZUTATEN

12 Brombeeren (75 g)
5 Stückchen Lieblings-schokolade (30 g)
80 g Dinkelvollkornmehl
1 TL Backpulver
1 Prise Salz
50 g Rohrzucker
2 EL Rapsöl
1 Ei
50 ml Milch
1 EL Mandelblättchen

ZUM GARNIEREN

Brombeeren
Minze

1. Den Backofen auf 175 °C vorheizen und vier Muffinförmchen aus Silikon oder Papier auf ein Backblech geben. Die Brombeeren waschen und trocken tupfen, die Schokolade grob hacken.

2. Mehl, Backpulver und Salz in einer Schüssel vermischen. Zucker, Öl, Ei und Milch hinzufügen und alles zu einem geschmeidigen Teig verrühren. Die Schokolade und die Brombeeren vorsichtig unterrühren.

3. Den Teig in die vorbereiteten Muffinförmchen füllen und mit den Mandelblättchen bestreuen. Im Ofen auf der mittleren Schiene in 18–20 Minuten goldbraun backen. Herausnehmen und nach Belieben mit Brombeeren und Minzeblättern garnieren. Sieht einfach hübsch aus!

NÄHRWERTE (PRO MUFFIN):
287 KCAL • EIWEISS 6 G, FETT 15 G, KOHLENHYDRATE 30 G

TIPP

Die Brombeer-Mandel-Muffins lassen sich auch super einfrieren und nach Bedarf auftauen. Etwa 1 Stunde vor dem Genuss aus dem Tiefkühlfach nehmen.

Drink / Vegan / Schnell / €

MELONEN-KOKOS-SMOOTHIE

ZUBEREITUNG: 10 MINUTEN

ZUTATEN

½ Cantaloupe-Melone (350 g)
Saft von ½ Orange (125 ml)
100 g Kokosmilch
1 Handvoll Eiswürfel

1. Die Melone schälen und das Fruchtfleisch grob würfeln. Mit Orangensaft, Kokosmilch und Eiswürfeln in einen Mixer füllen und mixen.

2. Den Smoothie in ein Glas oder eine Flasche füllen und gleich trinken oder mitnehmen und unterwegs genießen.

NÄHRWERTE: 330 KCAL • EIWEISS 4 G, FETT 14 G, KOHLENHYDRATE 45 G

TIPP

Für eine extra Portion grüne Pflanzenpower 1/2 Handvoll (10 g) frischen Blattspinat unter den Smoothie mixen. Die restliche Melone schmeckt super in meinem süßen Couscoussalat. (s. S. 128).

Snack / Vegan / Schnell / €

SÜSSER COUSCOUSSALAT MIT ERDBEEREN & CANTALOUPE-MELONE

ZUBEREITUNG: 20 MINUTEN

ZUTATEN

100 ml Apfelsaft
50 g Couscous (Instant)
½ Cantaloupe-Melone (350 g)
100 g Erdbeeren
1 große Handvoll Babyspinat
1 TL Pinienkerne
2 TL Ahornsirup
frisch gemahlener schwarzer Pfeffer

1. Den Apfelsaft in einem kleinen Topf erhitzen. Den Herd ausschalten, den Couscous einrieseln lassen, umrühren und mit aufgelegtem Deckel 10 Minuten quellen lassen.

2. Inzwischen die Melone schälen und in mundgerechte Stücke schneiden. Die Erdbeeren putzen, waschen und vierteln. Den Spinat ebenfalls waschen, trocken schleudern und, wenn nötig, in Stücke zupfen.

3. Die Pinienkerne in einer Pfanne ohne Fett rösten, herausnehmen und grob hacken. Couscous in eine Schüssel umfüllen, den Ahornsirup unterrühren, dann die Früchte und den Spinat unterheben. Den Salat mit Pinienkernen bestreuen und mit Pfeffer abschmecken.

NÄHRWERTE: 433 KCAL • EIWEISS 11 G, FETT 4 G, KOHLENHYDRATE 82 G

TIPP

Der Couscoussalat lässt sich wunderbar am Vortag zubereiten. In einem Einmachglas kann er im Kühlschrank aufbewahrt werden. Für den extra Frischekick ein paar Spritzer Zitronensaft und einige Minzeblätter dazugeben. Und die übrige halbe Melone? Sieh dir doch mal meinen Melonen-Kokos-Smoothie an (s. S. 127)!

Snack / Vegetarisch / Schnell / €

CAMEMBERT-AVOCADO-WRAPS

ZUBEREITUNG: 15 MINUTEN

FÜR DEN DIP
50 g Frischkäse
1 TL Ajvar

FÜR DIE WRAPS
2 Blätter Romanasalat
½ Beet Kresse
40 g Camembert
½ Avocado
1 TL Zitronensaft
4 Kirschtomaten
2 Weizentortillas
Salz
frisch gemahlener schwarzer Pfeffer

1. Für den Dip den Frischkäse mit dem Ajvar verrühren.

2. Für den Wrap den Salat waschen, trocken tupfen und in feine Streifen schneiden. Die Kresse waschen und vom Beet schneiden. Den Camembert in Scheiben schneiden. Die halbe Avocado schälen, entkernen, in feine Streifen schneiden und mit dem Zitronensaft beträufeln. Die Kirschtomaten waschen und vierteln.

3. Die Tortillas auf die Arbeitsfläche legen, mit dem Frischkäsedip bestreichen und mit den restlichen Zutaten belegen. Mit Salz und Pfeffer würzen. Die Tortillas an den Seiten zusammenklappen und fest aufrollen. Die Wraps dritteln und gleich reinbeißen oder mitnehmen (siehe Tipp).

NÄHRWERTE: 190 KCAL • EIWEISS 24 G, FETT 7 G, KOHLENHYDRATE 28 G

TIPP

Wer die Wraps vor dem Aufrollen auf Butterbrotpapier legt und sie darin aufrollt, kann sie wunderbar unterwegs genießen. Du hast Weizentortillas übrig? Dann probier doch mal mein Rezept für Spinat-Quesadilla mit Tomate & Avocado (s. S. 72).

Snack / Vegetarisch / €

HIMBEER-HIRSE-SALAT MIT MOZZARELLA UND FELDSALAT

ZUBEREITUNG: 35 MINUTEN

ZUTATEN

65 g Hirse
200 ml Gemüsebrühe
1 große Handvoll Feldsalat
60 g Himbeeren
60 g Mozzarella (oder Feta)
1 TL körniger Senf
2 TL Rapsöl
1–2 TL Ahornsirup
1 TL weißer Balsamico-Essig
Salz
frisch gemahlener schwarzer Pfeffer

1. Die Hirse in einen Topf geben, die Brühe dazugießen und bei starker Hitze zum Kochen bringen. Die Hitze auf niedrigste Stufe reduzieren und die Hirse mit aufgelegtem Deckel 15 Minuten köcheln lassen. Den Topf vom Herd nehmen und die Hirse 10 Minuten quellen lassen.

2. Inzwischen den Feldsalat und die Himbeeren waschen, trocken tupfen und beiseitestellen. Den Mozzarella klein zupfen. Für das Dressing zwei Drittel der Himbeeren mit Senf, Öl, Ahornsirup, 2 EL Wasser und Essig vermengen. Mit Salz und Pfeffer abschmecken.

3. Hirse, Feldsalat, übrige Himbeeren und Mozzarella in einer Schüssel vermischen. Den Salat mit dem Dressing beträufeln und genießen.

NÄHRWERTE: 493 KCAL • EIWEISS 17 G, FETT 19 G, KOHLENHYDRATE 56 G

TIPP

Salat to go: Die Hirse in ein Glas geben, Feldsalat, Himbeeren und Mozzarella darüberschichten. Erst kurz vor dem Essen mit dem Himbeer-Dressing beträufeln.

Vegetarisch / €€

ZUCCHINIRÖLLCHEN

ZUBEREITUNG: 30 MINUTEN

ZUTATEN

150 ml Gemüsebrühe
50 g Quinoa
1 EL Frischkäse
1 TL Ajvar
Salz
frisch gemahlener schwarzer Pfeffer
100 g Zucchini
40 g Radicchio
1 kleine Karotte
4 Blätter Reispapier
Sojasauce zum Dippen

1. Die Gemüsebrühe zum Kochen bringen, die Quinoa einstreuen und zugedeckt bei schwacher Hitze etwa 12 Minuten kochen. Vom Herd nehmen und 10 Minuten quellen lassen. Auskühlen lassen. Frischkäse und Ajvar unterrühren und mit Salz und Pfeffer abschmecken.

2. Zucchini und Radicchio putzen, waschen, trocken tupfen und in feine Streifen schneiden. Die Karotte putzen, schälen und ebenfalls in feine Streifen schneiden.

3. Lauwarmes Wasser auf einen großen Teller geben. Die Reispapierblätter einzeln hineinlegen und etwa 1 Minute einweichen. Herausheben, mit Küchenpapier abtupfen und auf ein Küchenbrett legen.

4. Quinoa und Gemüse in die Mitte der Reispapierblätter legen und die seitlichen Ränder über der Füllung einschlagen. Die Blätter von unten fest aufrollen und die Rollen mit einem scharfen Messer quer durchschneiden. Mit Sojasauce als Dip essen.

NÄHRWERTE: 303 KCAL • EIWEISS 13 G, FETT 7 G, KOHLENHYDRATE 44 G

TIPP

Quinoa ist ideal für Allergiker, weil es glutenfrei ist. Es enthält reichlich pflanzliches Protein, was es zu einem echten Powerfood macht.

Basics

KAPITEL 6: DAS SOLLTE IMMER DA SEIN

Basic- und Vorratsrezepte erleichtern das Leben ungemein. Wenn du nach einem langen Tag nach Hause kommst und keine Lust auf Kochen hast, ist es super, wenn aus einem selbst gemachten Pesto, einer herzhaften Marmelade oder einem Brot schnell was Feines gezaubert ist.

Vegan / €

KÜRBISMARMELADE

ZUBEREITUNG: 15 MINUTEN • **BACKZEIT:** 40 MINUTEN

ZUTATEN

1 kleiner Hokkaidokürbis (etwa 1 kg)
1 rote Zwiebel
2 EL Olivenöl
½ TL gemahlener Zimt
Salz
frisch gemahlener schwarzer Pfeffer

1. Den Backofen auf 200 °C vorheizen und ein Backblech mit Backpapier auslegen.

2. Den Kürbis waschen, halbieren und die Kerne und Fasern entfernen. Die Kürbishälften in grobe Stücke schneiden und in eine Schüssel geben. Die Zwiebel schälen, in grobe Ringe schneiden und dazugeben. Öl und Zimt ebenfalls hinzufügen und mit Salz und Pfeffer würzen. Alles gut mischen und auf dem Backblech verteilen.

3. Das Kürbisgemüse im Ofen auf der mittleren Schiene 35-40 Minuten rösten. Herausnehmen und vollständig auskühlen lassen. Mit einem Stabmixer oder im Mixer fein pürieren, in ein sauberes Glas (Füllmenge 500-600 ml) füllen und im Kühlschrank aufbewahren.

NÄHRWERTE (PRO PORTION BEI 10 PORTIONEN):
56 KCAL • EIWEISS 1 G, FETT 3 G, KOHLENHYDRATE 5 G

TIPP

Die Kürbismarmelade hält sich im Kühlschrank etwa 5 Tage, lässt sich aber auch einfrieren. Sie schmeckt auf Brot und zu Fleisch. Unverzichtbar zum gerösteten Blumenkohl (s. S. 88) und zur Polenta-Buddha-Bowl (s. S. 87).

Vegetarisch / Schnell / €

PANCAKE-MIX IM GLAS

ZUBEREITUNG: 10 MINUTEN

FÜR DEN PANCAKE-MIX

450 g Dinkelmehl (Type 630)
¼ TL Salz
3 TL Backpulver
90 g Puderzucker

FÜR 6 PANCAKES

70 g Pancake-Mix
100 ml Milch
1 EL Rapsöl
125 g frische Beeren (z. B. Himbeeren, Heidelbeeren, Erdbeeren)
Ahornsirup

1. Für den Mix Mehl, Salz, Backpulver und Puderzucker in eine große Schüssel geben und gut miteinander vermischen. Den Pancake-Mix in ein großes Schraubglas (Füllmenge etwa 800 ml) füllen und luftdicht verschließen.

2. Für die Zubereitung von sechs Pancakes die angegebene Menge Pancake-Mix in eine Schüssel geben und mit der Milch klümpchenfrei verrühren. Das Öl in einer Pfanne erhitzen und den Teig esslöffelweise hineingeben. Die Pancakes auf jeder Seite 2-3 Minuten goldbraun braten.

3. Inzwischen die Beeren waschen und trocken tupfen. Die Pancakes auf einem Teller anrichten, mit den Beeren toppen und mit Ahornsirup beträufeln.

NÄHRWERTE (PRO PORTION BEI 6 PORTIONEN):
424 KCAL • EIWEISS 14 G, FETT 3 G, KOHLENHYDRATE 78 G

Vegan / €

BANANENBROT

ZUBEREITUNG: 10 MINUTEN • **BACKZEIT:** 35 MINUTEN

ZUTATEN

Fett für die Form
1 kleine Banane (130 g)
50 ml Rapsöl
plus mehr für die Form
30 g Rohrzucker
150 g Dinkelvollkornmehl
1 Prise Salz
1 TL Backpulver
100 ml Mandeldrink
(ungesüßt)

1. Den Backofen auf 175 °C vorheizen und eine Springform (Ø 12 cm) einfetten. Die Banane schälen, mit einer Gabel fein zerdrücken und mit Öl und Zucker cremig rühren. Das Mehl mit Salz und Backpulver mischen und unter den Teig rühren. Den Mandeldrink hinzufügen und alle Zutaten kurz zu einem geschmeidigen Teig verrühren.

2. Den Teig in die Form füllen und im Ofen auf der mittleren Schiene in 30-35 Minuten goldbraun backen. Herausnehmen, abkühlen lassen und aus der Form lösen.

NÄHRWERTE (PRO PORTION BEI 5 PORTIONEN):
243 KCAL • EIWEISS 4 G, FETT 11 G, KOHLENHYDRATE 30 G

TIPP

Schmeckt pur oder mit Kürbismarmelade (s. S. 139). Für Bananenwaffeln den Teig mit 250 ml Mandeldrink anrühren und portionsweise im Waffeleisen goldbraun backen. Für ein Schoko-Bananenbrot 1-2 EL gehackte Schokolade unter den Teig rühren. Fruchtig-süße Naschkatzen heben 50 g frische Himbeeren unter den Teig.

Vegan / €

KÜRBISKERNBROT

ZUBEREITUNG: 10 MINUTEN • **GEH- UND BACKZEIT:** 1 STUNDE 45 MINUTEN

ZUTATEN

300 g Dinkelvollkornmehl
1 Päckchen Trockenhefe
1 TL Salz
1 TL Rohrzucker
75 g Saaten (z. B. Kürbis- und Sonnenblumenkerne)

1. Eine Kastenform (20 cm lang) mit Backpapier auskleiden und beiseitestellen. Mehl, Trockenhefe, Salz, Zucker und 250 ml lauwarmes Wasser in einer Schüssel zu einem glatten Teig verkneten. Den Teig in die Form füllen, glatt streichen und zugedeckt an einem warmen Ort 1 Stunde gehen lassen.

2. Den Backofen auf 220 °C vorheizen. Den Teig mit den Saaten bestreuen und im Ofen auf der untersten Schiene 45 Minuten backen. Die Ofentemperatur nach 30 Minuten auf 200 °C reduzieren.

3. Aus dem Ofen nehmen und in der Form auskühlen lassen. Aus der Form lösen, in Scheiben schneiden und mit Kürbismarmelade (s. S. 139) genießen oder es sich zum Buttermilchsüppchen (s. S. 60) schmecken lassen.

NÄHRWERTE (PRO PORTION BEI 10 PORTIONEN):
148 KCAL • EIWEISS 6 G, FETT 4 G, KOHLENHYDRATE 19 G

TIPP

Das Brot lässt sich auch wunderbar einfrieren. Am besten schneidest du es vor dem Frosten in dünne Scheiben und verpackst es luftdicht. Am Abend vorher herausnehmen und am Morgen genießen. Oder kurz im Toaster auftauen und gleichzeitig knusprig rösten.

Vegan / €€

MANDEL-KNUSPERMÜSLI

ZUBEREITUNG: 10 MINUTEN • **BACKZEIT:** 30 MINUTEN

ZUTATEN

150 g Haferflocken
50 g Amaranth
100 g Mandelkerne
40 g Kokosflocken
2 TL gemahlener Zimt
2 EL flüssiges Kokosöl
Mark von 1 Vanilleschote
80 ml Ahornsirup
1 Prise Salz

1. Den Backofen auf 150 °C vorheizen und ein Backblech mit Backpapier auslegen. Alle Zutaten in eine Schüssel geben und gut vermengen. Die Müslimischung auf dem Backblech verteilen und im Ofen auf der mittleren Schiene unter mehrmaligem Wenden in 25–30 Minuten goldbraun backen.

2. Aus dem Ofen nehmen, vollständig auskühlen lassen und in ein großes Einmachglas (Füllmenge etwa 800 ml) umfüllen. Das Müsli portionsweise mit Obst und Mandeldrink oder – nicht vegan – Milch genießen.

NÄHRWERTE (PRO PORTION BEI 8 PORTIONEN):
263 KCAL • EIWEISS 7 G, FETT 15 G, KOHLENHYDRATE 22 G

TIPP

Wer es fruchtig oder schokoladig mag, kann nach dem Auskühlen getrocknete Früchte (zum Beispiel Cranberrys, Rosinen, Aprikosen) oder Schokoladenstückchen unter das Müsli mischen.

Vegetarisch / Schnell / €

ROTE-BETE-HUMMUS

ZUBEREITUNG: 5 MINUTEN

ZUTATEN

1 kleine vorgegarte Rote Bete (45 g)
100 g Kichererbsen (aus der Dose; abgetropft)
1 TL Sahnemeerrettich
1 TL Rapsöl
Salz
frisch gemahlener schwarzer Pfeffer

1. Rote Bete, Kichererbsen, Sahnemeerrettich und Öl mit einem Stabmixer fein pürieren.

2. Mit Salz und Pfeffer abschmecken und zugedeckt im Kühlschrank aufbewahren.

NÄHRWERTE (PRO PORTION BEI 4 PORTIONEN):
49 KCAL • EIWEISS 2 G, FETT 2 G,
KOHLENHYDRATE 4 G

TIPP

Das Pesto schmeckt nicht nur zu Pasta, sondern auch auf Crostini oder in einem leckeren Risotto.

Vegetarisch / Schnell / €

BÄRLAUCH-PESTO

ZUBEREITUNG: 10 MINUTEN

ZUTATEN

150 g Bärlauch
1 Knoblauchzehe
60 g Cashewkerne
80 g Parmesan, gerieben
100 ml Olivenöl plus mehr zum Bedecken
Salz

1. Den Bärlauch waschen und trocken tupfen. Den Knoblauch schälen und zusammen mit Bärlauch, Cashewkernen und Parmesan in einen Mixer geben und fein hacken.

2. Unter ständigem Mixen das Olivenöl langsam einfließen lassen, bis ein sämiges Pesto entsteht. Mit Salz abschmecken und in ein sauberes Glas (Füllmenge 250 ml) füllen. Mit etwas Olivenöl bedecken, damit das Pesto nicht austrocknet und länger hält.

NÄHRWERTE (PRO PORTION BEI 10 PORTIONEN):
158 KCAL • EIWEISS 4 G, FETT 14 G,
KOHLENHYDRATE 2 G

TIPP

Zugedeckt im Kühlschrank hält sich der Hummus bis zu 3 Tage.
Make it vegan! Für eine vegane Alternative den Sahnemeerrettich durch frisch geriebenen Meerrettich ersetzen.

Vegan / Schnell / €
COUSCOUSSALAT

ZUBEREITUNG: 20 MINUTEN

ZUTATEN
75 g Couscous (Instant)
3 Frühlingszwiebeln
3 Radieschen
1 TL Ajvar
2 TL Olivenöl
Salz
frisch gemahlener schwarzer Pfeffer

1. Den Couscous in einer Schüssel mit 150 ml kochend heißem Wasser aus dem Wasserkocher übergießen. Zugedeckt 10 Minuten quellen lassen.

2. Inzwischen Frühlingszwiebeln und Radieschen putzen und waschen. Frühlingszwiebeln in feine Ringe und Radieschen in feine Scheiben schneiden. Den Couscous mit Avjar, Öl, Frühlingszwiebeln und Radieschen vermischen. Mit Salz und Pfeffer abschmecken. Genießen oder nach Herzenslust variieren (siehe Tipp).

NÄHRWERTE: 359 KCAL • EIWEISS 9 G, FETT 12 G, KOHLENHYDRATE 52 G

TIPP

Das Basic-Rezept lässt sich mit Putenbruststreifen, Thunfisch, Artischockenherzen, Feta, Gemüse … immer neu variieren.

Vegetarisch / Schnell / €
FLADENBROT

ZUBEREITUNG: 5 MINUTEN

ZUTATEN
90 g Dinkelvollkornmehl
1 TL Backpulver
1 Prise Zucker
¼ TL Salz
75 g Joghurt

1. Mehl, Backpulver, Zucker und Salz in einer Schüssel vermischen. Den Joghurt hinzufügen und alles zu einem glatten Teig kneten. Den Teig auf einer leicht bemehlten Arbeitsfläche zu zwei Fladen (Ø 13 cm) formen oder zu einem großen Fladen (Ø 23 cm) ausrollen.

2. Die oder den Fladen in einer Pfanne ohne Fett bei mittlerer Hitze auf jeder Seite in 1-2 Minuten goldbraun rösten. Oder auf einem Backblech im Ofen auf der mittleren Schiene bei 220 °C 10-12 Minuten backen.

NÄHRWERTE (FÜR 1 GROSSEN FLADEN): 400 KCAL • EIWEISS 13 G, FETT 10 G, KOHLENHYDRATE 60 G

Register

A

B

C

T

REZEPTE UND TEXTE Sabrina Sue Daniels
FOTOGRAFIE UND STYLING Sabrina Sue Daniels
COVERFOTO Sabrina Sue Daniels
LEKTORAT Katharina Lisson
INNENGESTALTUNG, COVERGESTALTUNG, TYPOGRAFIE, REALISATION Daniela Rudolf

Für den DK Verlag:
PROGRAMMLEITUNG Monika Schlitzer
REDAKTIONSLEITUNG UND PROJEKTBETREUUNG Anne Heinel
HERSTELLUNGSLEITUNG Dorothee Whittaker
HERSTELLUNGSKOORDINATION Arnika Marx
HERSTELLUNG Claudia Bürgers

ISBN 978-3-8310-3647-9

REPRO Farbsatz, Neuried/München
DRUCK UND BINDUNG Leo Paper Products, China

MIX
Papier aus verantwortungsvollen Quellen
FSC® C020056
www.fsc.org

www.dorlingkindersley.de

HINWEIS

Die Informationen und Ratschläge in diesem Buch sind von der Autorin und vom Verlag sorgfältig erwogen und geprüft, dennoch kann eine Garantie nicht übernommen werden. Eine Haftung der Autorin bzw. des Verlags und seiner Beauftragten für Personen-, Sach- und Vermögensschäden ist ausgeschlossen.

Soweit nicht anders angegeben, beziehen sich die Temperaturangaben für den Ofen auf Ober- und Unterhitze. Bei Umluft verringert sich die Temperatur um etwa 20 °C. Beachten Sie hierzu gegebenenfalls auch die Angaben des Herstellers.